Prag

Meine Lieblingsplätze

❖

Kloster Strahov
Natürlich ist die barocke Bibliothek ein Höhepunkt. Aber das vor Ort gebraute Schwarzbier im Klosterhof sollte auch der Kulturinteressierte nicht auslassen
–> S. 46/108

❖

Letnáanlagen
Von hier hat man einen tollen Blick auf die Altstadt, und abends gibt's tolle Livemusik in den Clubs rund um den Park
–> S. 46

❖

Kleinseite
Erstaunlich: Trotz der vielen Touristen finden sich abseits der Hauptwege noch viele idyllische Plätze, Innenhöfe, Treppen und das ganz alte Prag
–> S. 66

Liebe Leserin, lieber Leser,

Prag nimmt jeden Besucher fest und entschlossen gefangen. Das ging mir so als 16-jähriger Gymnasiast. Prag war noch schwarz-weiß, eine Stadt des Ostblocks. Und doch konnte ich mich dem Zauber der Kleinseite oder des Jüdischen Friedhofs nicht entziehen. Ich suchte in den Antiquariaten nach Büchern von Kafka und Kisch, Goethe und Kleist – Hinterlassenschaften der jüdischen und deutschen Bevölkerung der Vorkriegszeit – oder nach Werken des Astronomen Franz Ignaz Hallaschka, genannt Cassianus, der hier zu Beginn des 19. Jahrhunderts lehrte. Abends war es der größte Spaß, für umgerechnet 30 Pfennige einen halben Liter Schwarzbier zu trinken, bevor es nach einem melancholischen Gespräch mit irgendeinem Veteranen des Prager Frühlings in das sehr billige und einigermaßen schäbige Hotel ging.

Lang, lang ist's her. Prag gibt es längst nur nur noch in Farbe und Cinemascope. In den Antiquariaten kosten die Bücher genauso viel wie in Düsseldorf oder Hamburg, das Bier ist teurer geworden, und billige Hotels gibt es auch kaum mehr. Nur eins ist geblieben: der feste und entschlossene Zugriff der Stadt auf die Seelen ihrer Besucher. Auch wenn sich sommers die Amerikaner in Bataillonsstärke über die Karlsbrücke wälzen, so können Sie in den stillen Winkeln dieser Stadt immer noch einen unvergleichlichen Zauber erleben. Und auch das unvergleichliche Gefühl einer im Kriege unzerstörten Großstadt – der einzigen, die uns heute noch eine Ahnung davon vermittelt, wie Frankfurt, Köln oder Dresden aussehen müssten ohne den Bombenkrieg vor 60 Jahren.

Herzlich, Ihr

Andreas Hallaschka
MERIAN-Chefredakteur

IN PRAG UNTERWEGS

KLEINOD Peter Hirth, Fotograf aus Leipzig, erkundete die malerische Kleinseite und des Abends auch das Bierlokal „U Hrocha" **Seite 66, 78**

LEBENSWELT Der Autor Henryk M. Broder erfuhr vom Rabbi der jüdischen Gemeinde, warum es heute schick ist, Jude zu sein **Seite 34**

STADTANSICHTEN Tobias Gerber aus Schwaben ließ sich mit dem Touristenstrom treiben und fotografierte dennoch abseits davon **Seite 16**

Prag

>> *Titelthemen*

SEITE 46

GRÜNE STADT

Parks und Alleen hat jede Stadt, aber Prag glänzt zusätzlich mit seinen feinen Barockoasen und Flussinseln

SEITE 56

LITERATURSTADT

Kafka und noch mal Kafka: die deutsche Literaturszene Prags war und ist vielmehr als dieser Riese. Und sie existiert noch, schwach, aber lebendig

MERIAN | Reise-Service >> ab Seite 101

Erhaben und heiter: der Blick über die Karlsbrücke auf den Hradschin

SEITE 66

KLEINSTADT

Jenseits der Karlsbrücke erstreckt sich die Kleinseite, die Heimat von Jan Neruda und seinen Charakteren. Man kann ihm noch heute nachspüren

EITE 84

IAUS DER STADT

lle großen Jugendstilkünstler (hier n Wenzel-Bild von Alfons lucha) des beginnenden 20. Jhs. aben am Gemeindehaus mitewirkt. Und auch der erwachende ationalstolz der Tschechen

SEITE 34

JOSEFSTADT

Die jüdische Gemeinde Prags ist klein, riesig hingegen die Zahl der jüdischen Besucher. Wie lebt es sich als Objekt touristischer Neugier?

Hinweis: Die großen Lettern (z. B. E 4) in den Texten ab S. 33 verweisen auf die Planquadrate der MERIAN-Karte auf S. 123

KUNST **Mucha**-Mania

Die Jugendstilplakate und -postkarten von Alfons Mucha (1860-1939) sind heute allgegenwärtig in Prag – kein Souvenir-Shop kommt ohne sie aus. Das Mucha-Museum (Panská 7, tgl. 10-18 Uhr, Eintritt 4 Euro) ist eines der meistbesuchten der Stadt. Dabei feierte der Künstler zu Lebzeiten seine größten Erfolge in Paris und Amerika.

Zahlenspiel

25 000
leerstehende Wohnungen gibt es in der Stadt. Viele sind verfallen oder im Besitz von Spekulanten.

Rund **20 000**
Amerikaner leben in Prag. Anfang der 1990er Jahre wurde die Stadt in US-Magazinen mit dem Paris der zwanziger Jahre verglichen: Anziehungsfaktor für viele amerikanische Intellektuelle.

Mit **157**
Litern Bier liegt Tschechien im jährlichen Pro-Kopf-Verbrauch 41 Liter vor Deutschland und weltweit an der Spitze.

Über **100**
Gespenster sollen in der Hauptstadt spuken. Fast jede Straße des alten Prag hat ihre eigene schaurige Legende.

Auf **50°**
5 Minuten und 19 Sekunden nördlicher Breite liegt Prag – etwa so hoch wie Frankfurt.

31
Kilometer der Moldau winden sich durch die Stadt. Bei Mělník mündet der Fluss nach 440 Kilometern in die Elbe. Hamburger könnten also auch eine Bootsfahrt nach Prag unternehmen.

VERDOPPELT **Haus**nummern

Jedes Haus in Prag hat zwei verschiedene Nummern. Eine Tatsache, die besonders Touristen immer wieder verwirrt. Das Geheimnis ist einfach zu klären: Die Nummern weiß auf blau sind die „normalen" Hausnummern; die Ziffern auf rotem Grund sind die Nummern, unter denen das Haus im Grundbuch eingetragen ist. An ihnen erkennt man die Reihenfolge, in der die Häuser im Stadtviertel gebaut wurden.

Seit 40 Jahren ganz oben: Karel Gott (hier ein Foto aus dem Jahr 1969) bekommt ein eigenes Museum

LEGENDÄR **Gott**land

Für viele Deutsche ist er „nur" ein Schlagersänger – in Tschechien ist Karel Gott ein Superstar wie Elvis Presley. Und was für Elvis-Fans Graceland in Memphis ist, soll „Gottland" für Anhänger des in Prag lebenden Barden werden. Ein tschechischer Unternehmer hat im Sommer 2006 in der ehemaligen Villa des Sängers im Prager Vorort Jevany ein Karel-Gott-Museum eröffnet (weitere Infos unter www.gottland.cz). Gezeigt werden hunderte Devotionalien aus Karels Karriere, aber auch intimes Privates, wie etwa Räume mit den originalen Zimmereinrichtungen.
Vergelt's Gott!

Die „Vier Jahreszeiten“ von Mucha aus dem Jahr 1900

AUSGEPROTZT

Stalin-Style

Wer sich in Prag auf die Suche nach baulichen Spuren der jüngsten (sozialistischen) Vergangenheit begibt, wird im Stadtzentrum nur noch wenige Überbleibsel dieser „dunklen Zeit“ finden. Kaum verwunderlich, dass die Prager sich nach der „Samtenen Revolution“ 1989 der Symbole des verhassten Regimes zügig entledigten. Bekanntestes noch erhaltenes Baudenkmal des Sozialistischen Realismus ist das **HOTEL CROWNE PLAZA** (Koulova 15, im Bezirk Device), ehemals Hotel International. Erbaut zu Stalins Zeiten, zwischen 1952 und 1954, erinnert es an frühe amerikanische Wolkenkratzer, die die Sowjets auch in Moskau zu imitieren versuchten. Stalinistische Architektur gibt es also noch (wenn auch selten) – Stalin verschwand schon 1962: Sieben Jahre nachdem die weltweit größte Stalin-Skulptur (dreißig Meter hoch, 14 000 Tonnen schwer) auf der **LETNÁ** eingeweiht worden war, wurde sie schon wieder abgerissen – Stalins Nachfolger Chruschtschow hatte mit dem Stalinismus gebrochen. Hier tickt seit 1991 das **METRONOM** des Künstlers David Černý und erinnert an die Vergänglichkeit der Zeit. Die ist auch spürbar im **STRAHOV-STADION** auf dem Laurenziberg, wo sich im größten Stadion der Welt 250 000 Zuschauer zu den Spartakiaden einfanden. Heute bröckelt der Putz: Betreten verboten. Wer sich ein Bild machen möchte von den bedrückenden Auswüchsen sozialistischer Wohnungsbaupolitik, sollte das Zentrum verlassen und einen Ausflug in die Prager Südstadt **(JIŽNÍ MĚSTO)** unternehmen. Hier finden sich die typischen monotonen Plattenbauten, in denen heute noch über 100 000 Menschen leben.

Ein riesiges Metronom steht heute auf dem Sockel des einst größten Stalin-Denkmals der Welt

Eine Viertelmillion Zuschauer füllten das Strahov-Stadion bei Massenveranstaltungen wie hier bei einem Turnfest 1948

1961

1974

1989

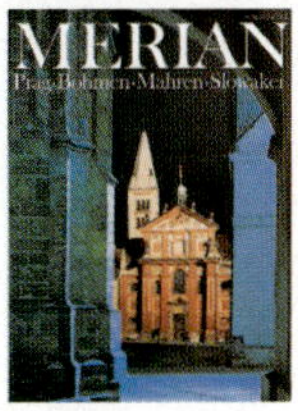

1992

1998

Fünfmal hat MERIAN der Goldenen Stadt ein Heft gewidmet: Das erste, 1961, noch in Schwarzweiß, beim viertenmal, 1992, waren auch Böhmen, Mähren und die Slowakei Gegenstand der Berichterstattung.

Wenzelsplatz 1968: Junge Prager demonstrieren am Reiterstandbild des heiligen Wenzel für Svoboda und Dubček, ihre Helden des Prager Frühlings – und 2006: junge Touristen am selben Ort

ZEITSPRUNG **Wenzels**platz

Die meiste Zeit war der Wenzelsplatz ein matschiges und stinkendes Areal mit Bordellen und Kneipen. Denn seit seiner Anlage im Jahr 1348 diente er als Rossmarkt – und so hieß er auch bis ins 19. Jahrhundert, als er zum über 700 Meter langen Boulevard erweitert wurde. Schon bis dahin war genügend Platz, um Pferde in allen Gangarten vorzuführen. Und vom oberen Ende war für die Pferdeschwemme ein kleiner Bach auf den Markt geleitet worden.

Dort sitzt seit 1912 der heilige Wenzel auf einem steinernen Roß. Losgeritten, das Land aus höchster Not zu retten, wie es die Legende verspricht, ist er allerdings nie. Dabei haben sich zu seinen Füßen einzigartige historische Inszenierungen abgespielt: 1918 feierten hier die Republikaner ihren Triumph über die Habsburger. Damals war die Blütezeit des Platzes mit seinen eleganten Geschäften, Cafés und dem Hotel Evropa, einem Jugendstiltraum. 1939 kam die Wehrmacht, die den 60 Meter breiten Platz für ihre Siegesparade benutzte. 1945 kam die Rote Armee und 1968 gleich noch einmal (und dazu die Nationale Volksarmee der DDR), um mit Panzern den Prager Frühling niederzuwalzen. 1969 verbrannte sich hier der Student Jan Pallach, aus Protest gegen eben jene sowjetische Okkupation. Und hier war im November 1989 der Höhepunkt der „Samtenen Revolution", in deren Folge der Dichter Václav Havel Staatspräsident wurde. Heute ist der Wenzelsplatz ein Treffpunkt für Jugendliche aus aller Welt. Aber vom einstigen Glanz hat er viel verloren, wie auch die einst strahlenden Gebäude, die ihn säumen. Der Lack ist ab. Und nachts säumen Prostituierte den breiten Boulevard – fast wie vor 600 Jahren.

TRADITION **Fenster**stürze

Vorsicht vor offenen Fenstern! Fast mag man dies allen Pragbesuchern raten, gab es in der Vergangenheit doch arg viele Abflüge: 1419 warfen protestantische Hussiten (s. S. 129) zwei katholische Ratsherren aus einem Fenster des Neustädter Rathauses. Folge: zwei Tote und 16 Jahre Krieg. 1618 warfen Protestanten zwei kaiserliche Statthalter samt Sekretär aus der Prager Burg – keine Toten, aber es folgte der Dreißigjährige Krieg. 1948 kam Minister Jan Masaryk nach der kommunistischen Machtübernahme durch einen Fenstersturz ums Leben. Sein Tod ist ebensowenig geklärt wie der des Literaten Bohumil Hrabal, der 1997 „beim Taubenfüttern" aus dem Krankenhausfenster fiel.

Der brühmte Prager Fenstersturz von 1618, so wie ihn Matthäus Merian sah

Berauschende Stadionatmosphäre: Bohemians-Fans mit Flagge des befreundeten FC St. Pauli, bunt qualmenden Riesen-Joints und einem Transparent, das verkündet: „Wir müssen nicht nach Holland reisen…"

FUSSBALL | BOHEMIANS

Das Wunder von Prag

Wie die Fans den Klub mit dem Känguruh retteten

Rein sportlich gesehen ist der Fußballklub Bohemians 1905 nur die Nummer vier in der Hauptstadt. In der ersten Liga spielen Slavia und Sparta, in der zweiten Klasse der Stadtteilklub Viktoria Žižkov. Bohemians beendete die Spielzeit 2005/06 nur auf Platz vier in der dritten Division. Der Zuspruch der phantasievollen, leidenschaftlichen und ausdrücklich antifaschistischen Fans macht Bohemians jedoch zur Nummer eins in Prag: Während sich bei Slavia und Sparta im Schnitt nur 3800 bzw. 7200 Zuschauer zu den Heimspielen einfinden, zieht Bohemians selbst in der dritten Liga 5000 Fans in das gemütlich altmodische Stadion Ďolíček („die Mulde") im zehnten Stadtbezirk. Dass der Klub, der seit einer Australientournee 1927 ein Känguruh als Wappentier führt, ab August 2006 in der Zweiten Liga spielen darf, ist das vorläufige Happyend eines Fußballdramas, wie es wohl nur in den babylonischen Wirren des tschechischen Fußballverbandes möglich ist.

Erster Akt: Dem verschuldeten Verein wird im Winter 2004/05 die Lizenz entzogen; der Mutterverein, TJ Bohemians Praha, verleiht daraufhin für ein Jahr den Namen „Bohemians" und das Känguruh-Wappen an den Drittligisten FC Střížkov. Der eigentliche FC Bohemians Praha von 1905 ist damit faktisch tot.

Zweiter Akt: Auf die Bühne tritt die rasch gegründete Faninitiative „Družstvo fanoušků Bohemians" (Genossenschaft der Bohemians-Fans). Ähnlich wie bei der Aktion, mit der Fans ihren Hamburger FC St. Pauli retteten – sie sind mit den Anhängern der Bohemians gut befreundet –, gelingt es der Vereinigung innerhalb kurzer Zeit, über drei Millionen Kronen zu sammeln – unter anderem durch den weltweiten Verkauf von kostengünstigen Mitgliedschaften. Dieses Geld sichert dem mittlerweile in „Bohemians 1905" umbenannten Klub wenigstens eine Lizenz für die dritte Liga.

Dritter Akt: beginnt mit einem Kuriosum. In der dritten Liga starten zwei Vereine mit dem Namen Bohemians, da sich der FC Střížkov weigert, den geliehenen Namen wieder abzulegen. Der Verband schließt Střížkov daraufhin vom Spielbetrieb aus, aber der Klub erstreitet vor Gericht die Wiedereingliederung. Die wahren Bohemians (der Name steht übrigens schlicht für „Böhmen" und hat nichts mit „Bohème" zu tun) haben mittlerweile einen Investor gefunden, der über eine Aktiengesellschaft dem Klub Kapital zuführt und die Mannschaft finanziert. Die Saison läuft durchwachsen, am Ende wird der Aufstieg verpasst. Aber dann passiert doch noch ein Wunder: Der Zweitligist Xaverov hat wirtschaftliche Probleme, und Bohemians kann die Lizenz des Vereins für die Zweite Liga kaufen. Das geht wohl nur in Tschechien, ist aber irgendwie ausgleichende Gerechtigkeit: Am grünen Tisch verlor Bohemians einst alles, nun gewann man am grünen Tisch den Aufstieg. Die Fans hoffen, dass in Zukunft auch wieder auf dem Rasen triumphiert wird.

KNIGGE

Fragen, mit denen Sie die Prager erfreuen

• Warum ist das tschechische Eishockey so viel schöner und erfolgreicher als das der Russen und Kanadier? • Ist das Staropramen-Bier schlechter geworden, seit ein multinationaler Braukonzern es übernommen hat? • Glauben Sie, der Prager Ring wird je gebaut? • Was hat die EU für Tschechien getan? • Schmeckt das Gulasch nicht wie von McDonald's, seit so viele Amerikaner in der Stadt sind?

KULTKITSCH **Jesulein**

In jedem Andenkenladen wird es in unzähligen Variationen feilgeboten – das Prager Jesulein. Von einem spanischen Mönch aus Wachs modelliert, kam die Figur 1628 nach Prag (heute in wechselnden Kleidchen zu bestaunen in der Wallfahrtskirche Maria zum Siege, Karmelitská, tgl. 8.30-19 Uhr) und erwies sich als wahre Wundermaschine: Es bewahrte die Stadt angeblich vor Pest und Krieg, heilte Kranke, half Armen und brachte Liebende zueinander. Schon möglich, dass Prag deshalb bei Hochzeitsreisenden so beliebt ist…

GRAND TOUR
SICILIA06
EINE REGION, DIE MANCHES ERZÄHLT

WENN EINE REISE BEGINNT, BEGINNT FÜR JEDEN VON UNS EINE GESCHICHTE: MENSCHEN AUF DER SUCHE NACH KUNST, ABENTEUER, LANDSCHAFT UND WURZELN HABEN SEIT JEHER UNSERE INSEL FÜR DIESE SUCHE AUSERKOREN UND ENTSCHEIDEN SICH AUCH HEUTE NOCH FÜR SIE. AUS DIESEM GRUND WIRD SIZILIEN 2006 NICHT NUR TOURISTEN WILLKOMMEN HEISSEN, SONDERN *REISENDE*, DIE VON VERANSTALTUNGEN, MUSIK, THEATER, LITERATUR ODER AUCH EINFACH VON LANDSCHAFT, LEBENSQUALITÄT UND SÜSSE DES DASEINS ANGEZOGEN WERDEN. SIZILIEN WIRD DIE TORE SEINER BURGEN, THEATER, MUSEEN, STÄDTE, ARCHÄOLOGIE - UND NATURPARKS ÖFFNEN UND SEIN MEER UND SEINE BERGE BEREITSTELLEN. UND ES WIRD MIT SEINEN AROMEN, FARBEN UND DÜFTEN SPRECHEN. SIZILIEN WIRD SIE 2006 AN JENE ORTE FÜHREN, DIE INSPIRATION DER *GROSSEN REISENDEN* DER VERGANGENHEIT WAREN - ES WIRD DAS JAHR DER GRAND TOUR SEIN, UND JEDER WIRD HIER SEINE EIGENE GESCHICHTE ENTDECKEN.

PALCOSCENICO SICILIA
EREIGNISSE IN SIZILIEN

MESSINA (TINDARI)

TINDARI FESTIVAL

(JULI-AUGUST)

BEREITS SEIT 1995 IST DAS TINDARI FESTIVAL IN MEHRERE SEKTIONEN UNTERGLIEDERT: VOM BALLETT ÜBERS THEATER BIS HIN ZUR KLASSISCHEN UND AUTORENMUSIK.

DIE URSPRÜNGE DES ***TINDARI FESTIVALS*** REICHEN JEDOCH ZURÜCK BIS INS JAHR 1956, ALS DAS GRIECHISCH-RÖMISCHE THEATER WIEDER DER ÖFFENTLICHKEIT ZUGÄNGLICH GEMACHT WURDE. BEI DIESER GELEGENHEIT WAR AIAS VON SOPHOKLES INSZENIERT WORDEN.

HEUTE, 48 JAHRE SPÄTER, BEGINNT DAS FESTIVAL IM JULI MIT EINER DER ETHNISCHEN MUSIK UND DEM ZEITGENÖSSISCHEN THEATER GEWIDMETEN SEKTION UND WIRD DANN IM AUGUST DURCH DIE BEKANNTE VERANSTALTUNGSSAISON MIT THEATER, MUSIK UND BALLETT FORTGESETZT.

TRAPANI (SEGESTA)

KLASSISCHE VORFÜHRUNGEN

(JULI-SEPTEMBER)

WILLKOMMEN IN ***SEGESTA*** - SEIT JEHER DIE NATÜRLICHE HEIMAT FÜR THEATER MIT QUALITÄTSANSPRUCH.

HIER IN DEM PRÄCHTIGEN ***ANTIKEN THEATER*** WERDEN WERKE GROßER LATEINISCHER UND GRIECHISCHER AUTOREN AUFGEFÜHRT. SEIT 1998 UMFASST DAS PROGRAMM JEDOCH AUCH EINEN TEIL MIT ZEITGENÖSSISCHEM THEATER, SATIRE, MUSIK UND BALLETT.

AUSGESPROCHEN BEEINDRUCKEND SIND DIE BERÜHMTEN ***THEATERPROGRAMME IM MORGENGRAUEN***: EINE VERABREDUNG MIT DER POESIE IM ERSTEN LICHT DES MORGENS, WENN DIE GANZE UMGEBUNG IN ROSAROTE FARBE GETAUCHT ZU SEIN SCHEINT.

TRAPANI (GIBELLINA)

ORESTIADI

(JULI-SEPTEMBER)

DIE ***ORESTIADI DI GIBELLINA*** SIND DEM ORGANISATORISCHEN ENGAGEMENT DER GLEICHNAMIGEN STIFTUNG ZU VERDANKEN. VON JULI BIS SEPTEMBER BEHERBERGT DIESE SUGGESTIVE ORTSCHAFT IN DER UMGEBUNG TRAPANIS, WO KLASSIK UND MODERNE HARMONISCH ZUSAMMENLEBEN, EVENTS, DIE VON DER MUSIK ÜBER DIE DICHTUNG BIS HIN ZU DEN VISUELLEN KÜNSTEN UND ZUM THEATER REICHEN.

SEIT 1990 HAT DIESE VERANSTALTUNG IHRE HORIZONTE NOCH STÄRKER ERWEITERT, INDEM SIE SICH AUCH DEM KINO UND DER ETHNISCHEN MUSIK ERÖFFNET HAT, WOBEI SIE SICH ZUNÄCHST AUF DIE ISLAMISCHE WELT UND DAS MITTELMEER KONZENTRIERTE. 1996 WURDE WEITERHIN DAS ***MUSEUM DER GEWÄNDER*** GEGRÜNDET, IN DEM GEGENSTÄNDE UND STOFFE VON ZIVILISATIONEN AUS DEM MITTELMEERRAUM GESAMMELT WERDEN.

www.regione.sicilia.it/turismo

Europäische Union

POR

Region Sizilien
Assessorat für Fremdenverkehr
Kommunikation und Transport

ahoi!

Die Schlacht schien verloren; Kitsch-&-Konsum-Tourismus vertrieb viele Einheimische aus der Stadt. Doch nicht alle Blüten, die der Kapitalismus trieb, gefielen den Gästen aus dem Westen. Gott sei Dank: Nun sitzen auch wieder echte Prager in den Altstadt-Kneipen

Prag zieht Besucher aus aller We

Die Rückeroberung ist ohne Strategie gelungen. Im zähen Ringen, sich ihren Platz in einer altgewohnten Lebenswelt zurückzuholen, war der beste Verbündete der vielen kleinen Leute ihr größter Feind: der schrankenlose Ausbeutungskapitalismus angesichts einer überbordenden Welle von Touristen, die Tag für Tag über das alte Prag hereinbricht. Diesen Massen noch den letzten Obolus abzupressen ist Konzept, macht aus jedem Winkel, jedem Hof, jedem Eck eine Kneipe, eine Bar, ein Wirtshaus.

Man hat es dann doch weit übertrieben. Obwohl das Geschiebe der Menschen schier unendlich scheint, hat es in dieser seltsamen Touristen-Hochburg immer auch gähnend leere Lokale gegeben, drängelt sich die Menge an Stätten von plastifizierter Modernität mit mürrisch gelangweiltem Personal vorbei. Um dann doch zu überleben, mussten sie sich wieder die leicht muffige Prager Gemütlichkeit zulegen, die Preise für Bier und Beinschinken halbieren, wieder Matjes und die besoffenen Knackwürste anbieten, die die wahren Prager so mögen.

Die wütende Übertreibung in der touristischen Kommerzialisierung hat ihren Ureinwohnern paradoxer Weise die Stadt bewahrt. Denn zunächst schien es, als würde über die Jahre nur noch ein von Kristall-Läden, Bernstein-Shops und Kitschkunst-Galerien verkrebstes Disneyland übrig bleiben, in dem ein normaler Prager schon der Preise wegen, aber auch mangels Beheimatung in dieser Talmi-Welt keinen Ort zum Verweilen mehr fände. Die verbissene Entschlossenheit, noch jede Nische in Golems Gassen zum Abzock-Eck zu machen, hat ein solches Überangebot geschaffen, dass die verloren geglaubten Biotope für die Leute aus der Vorstadt zwangsläufig neu in den Überkapazitäten anwuchsen.

So hocken sie also wieder auch in der Altstadt und der Kleinseite in ihren neuen und doch düsteren Kneipen und beschwatzen ironisch die Zeitläufe. Und die sind bedenklich, wie immer, und machen doch zugleich stolz.

Selbst das Wirtshaus „Zum Ausgeschossenen Auge“ in Žižkov, das inzwischen in jedem Reiseführer als pittoresker Hort Prager Lokalkolorits aufgeführt ist, hat seinen Stil als Studentenkneipe wahren können. Der urtümliche „Schwarze Ochse“ auf dem Hradschin, im wildesten Tourismusgetümmel gelegen, wird immer noch von einer Bürgerinitiative als Zuflucht heimischer Heimeligkeit gehütet.

Und doch sind Prags Straßen wunderbar verstopft mit neuen, schweren Wagen und schmucken kleinen Flitzern, mit denen die Leute sich ins enge historische Zentrum zwängen, statt die zwar noch sowjetisch rasselnde, aber vorzüglich funktionierende U-Bahn zu nehmen. Prag ist mondän und teuer geworden, für den Besucher eine marginale Feststellung, für die Hiesigen aber ein schmerzlicher Prozess – und doch Grund zu wachsendem Selbstbewusstsein. Sind wir Prager nicht tüchtig, dass unsere Stadt so boomt? Verdienen wir nicht längst so gutes Geld, dass wir uns diese vermaledeite Teuerung leisten können? Stolz überwiegt nicht selten deutlich den Verdruss. So nistet in den gemauerten Kneipenkellern und Gewölbeverliesen des alten Prag ein neues Hochgefühl, es denen rundherum doch mal wieder richtig zu zeigen: Die gefürchteten Deutschen kränkeln seit langem; von den Polen wollen wir lieber gar nicht reden; nur dass die Slowaken, die man einst gern im gemeinsamen Staate wie den kleinen Bruder geschuriegelt hat, Furore mit ihrer Steuer- und Industrieansiedlungspolitik machen, fuchst so manchen Stammtischökonomen, war man sich doch einig darin, dass die nach dem Auszug aus dem gemeinsamen Hause schon ihr blaues Wunder erleben würden.

Jetzt müsste man nur noch ein paar Mal gegen die Deutschen im Fußball

… – und seit kurzem auch wieder die Prager

und gegen die Kanadier im Eishockey gewinnen – dann wäre man ganz oben auf. Gegen die Kanadier? Natürlich, gegen sie als den stärksten Gegner, denn Rache für alte Demütigungen zu nehmen, ist der Prager Sache nicht mehr: **Das Trauma des durch Sowjettruppen niedergewalzten Prager Frühlings ist Sache der Alten. Die Jüngeren sehen die Russen am Boden liegen – auch wenn sie oft die bestbezahlenden Gäste sind –, sehen das Mütchen am ewigen Freund/ Feind gekühlt,** sehen den alten Alptraum ausgeträumt, wie panslawistische Zuneigung in brutaler Unterwerfung endete. Nicht einmal im Eishockey ist Russland noch ein wirklicher Gegner, der einst im Sieg Triumphgefühle aufwallen ließ.

Die Prager haben ihre Stadt so schön herausgeputzt, sie glauben sie so gut organisiert zu haben, dass sie darüber diskutieren, ob man sich nicht endlich zum Weltzentrum des Sports eignen würde und für die Olympischen Spiele bewerben solle. Bei den Sommerspielen wird zwar leider nicht Eishockey gespielt, aber weiter als zu einem Olympischen Kongress im Jahre 1925 hat man es hierorts noch nicht gebracht, was die Prager irgendwie ungerecht finden, wie Tschechen prinzipiell der Meinung sind, dass die Geschichte sie stets benachteiligt habe. Außer eben in diesen Tagen. Das mit Olympia hielten also die einen für nichts anderes als eine gerechte Sache. Die anderen aber packt schieres Entsetzen: Ist die touristenbelagerte Stadt nicht jetzt schon zur Metropole von Ramsch & Plunder geworden?

Nur äußerlich natürlich, die Seele aber ist rein. Sie triumphiert angesichts von Regierungen etwa beim Nachbarn Polen mit richtig unappetitlicher rechtsnationalistischer und linksnationalistischer Beteiligung. Historischer Stolz mündet in neuen Stammtisch-Größenwahn: Leben nicht sie, die Tschechen, wieder einmal die einzige Vorbild-Demokratie rundum, wie schon einmal in der Zwischenkriegszeit!? Dass die Prager andererseits Politiker grundsätzlich für eine verachtenswerte Spezies halten, ist eine andere Sache.

Im Hinterkopf denken die Prager daran, dass sie, wenn's wirklich eng wird, wie immer ja aufs Land fliehen könnten. Aber manche Chata (das einfache Gartenhäuschen) oder Chalupa (das schmuck renovierte Bauernhaus), das zumindest sommers früher der geliebte Lebensmittelpunkt der ganzen Sippe gewesen ist, bleibt immer öfter verwaist. Die Prosperität der Stadt hat ihren Preis: Früher begab man sich nach dem sozialistischen Arbeitsalltag wohl ausgeruht aufs Land und in die Gärten, werkelte, sägte, malte, mähte. Der neue Wohlstand hat als Kehrseite eine gewisse nervöse Überanstrengung der Stadt: Mancher fühlt sich ungewohnt erschöpft, hat keine Lust mehr, jetzt auch noch wie alljährlich auf dem Land den Zaun zu streichen, das Dach zu flicken, die einst lustvollen Rekonstruktionsarbeiten an der ländlichen Fluchtburg vorzunehmen – und bleibt daheim.

Und da die Prager wie das Umland gottlos sind und für sie der heilige Sonntag nie ein Thema war, verlagern sich die Feiertagsaktivitäten in die glitzernden Konsum-Citys rund um die tschechische Metropole, wo man sich vergewissern kann, dass längst die ganze herrliche Welt der Marken und Moden auch das alte Prag geheiligt hat, so wie es schon früher einmal gewesen ist, der Legende nach.

Eigentlich fühlen sich die Prager noch immer irgendwie allein in der Welt, und das gefällt ihnen. Noch immer scheint William Shakespeare der beste Kenner der tschechischen Seele zu sein: er, der im Drama „Ein Wintermärchen" Böhmen ans Meer verlegt hat. Der den Tschechen auch eine Insel zugebilligt hätte, wäre die britische nicht schon besetzt. **Denn dass man mit der Welt, deren Bewohner Tag für Tag durch die Gassen des Goldenen Prag traben, doch irgendetwas zu tun haben könnte, so richtig wollen die meisten Prager das bis heute nicht glauben.** Das verkörpert sich akustisch auch im Alltagsgruß „Ahoi!". Der Seemannsgruß als intimes Signal im binnenländischsten aller europäischen Staaten. (Er stammt übrigens aus dem 19. Jahrhundert, als es in der ersten großen Massensportbewegung der Welt Mode wurde, auf den unzähligen Seen und Flüssen Böhmens zu paddeln. Und was ein rechter Schiffer ist, der grüßte mit „Ahoi", was sich speziell in Prag bis heute erhalten hat.)

Die Prager ertragen auch stoisch die Diskrepanz zwischen der ausgepolsterten Intimität ihrer privaten Lebenswelt und der oft billigen Möblierung ihrer schönen Stadt draußen. Ludvík Vaculík, der Schriftsteller und Publizist, der 1968 das „Manifest der 2000 Worte" verfasst hatte, sprach angesichts der sich mehr und mehr blähenden Metropole davon: „Man merkt, wir kommen aus kleinen Verhältnissen." Die Leute, so hört man reden, verlören ihr Zusammengehörigkeitsgefühl und den Sinn dafür, dass Freiheit nur so viel wert sei, wie sie in Gleichheit eingebettet werde.

Und die romantischen Anwandlungen, für die diese Stadt doch die wunderschönste Kulisse böte? Früher ist es selbstverständlich gewesen, dass sich Liebende im Fliederblütenmeer des Mai zu Füßen des erzenen Denkmals von Karel Hynek Mácha am Laurenziberg Schwüre ewiger Treue zuraunten und ein Sträußlein Blumen niederlegten. Heute sind es hauptsächlich die auswärtigen Verliebten, die von diesem schönen Brauch aus der Literatur wissen und sich vor dem zarten Lyriker verstohlen verneigen. Und ist der düstere Kumpan der Romantik, ist Golem wirklich weggezogen aus dieser Stadt so bunt, so bunt? Im Sinn der Prager lebt er fort, in ihrem Hang und dem der Stadt zur Melancholie. □

Michael Frank *ist Korrespondent der Süddeutschen Zeitung in Prag und seit Jahrzehnten intimer Kenner der Stadt.*

In der Ruhe liegt die Pracht

Wer eine europäische Hauptstadt sehen will, die nie ein Krieg zerstört hat, der muss an die Moldau reisen. Prag ist so überwältigend, weil in dieser Stadt selbst die ältesten Steine leben

Fotos: Tobias Gerber

Nein, der Kutscher auf dem Altstädter Ring schläft nicht. Mit dem nächsten Glockenschlag der Teynkirche wird er wieder auf Kundenfang gehen

Wo die Metropole ihre andere Seite zeigt

Durch die Bögen der Kleinseitner Brückentürme geht der Krönungsweg hinauf zur Burg. Rechts und links davon: stille Gassen

TURISTICKÉ
INFORMACE

Von der Insel Kampa erscheint Prag wie aus der Ferne: Altstädter Brückenturm, die Kuppel der Kreuzherrenkirche und das Smetana-Museum weisen den Weg

Wo über der Moldau die Musik spielt

Auf der Karlsbrücke suchen Begabte und andere den Beifall der Menge. Mit eigenwilligen Auftritten und gegen Bares

Foto: Gregor Lengler

Wo Gartenkunst die Höfe ziert

Perlen in einem Häusermeer: Der Vrtba-Garten ist eine von vielen Barockanlagen unterhalb des Hradschin

Der Veitsdom ist Krönungsstätte und Grab der böhmischen Könige. Auch die sich mit dem Papst anlegten, fanden hier Ruhe

Wo Kaiser und Klerus zusammenfanden

Wo der Bischof seinen Segen gab

Das Erzbischöfliche Palais dominiert den Hradschiner Platz. Auch ohne geistlichen Beistand ist er ein Ort zum Träumen

Fußmassage auf dem Krönungsweg

Wer durch Prag spaziert, gerät von einer Zeitfalle in die nächste. Fast jeder Pflasterstein kann eine Geschichte aus den letzten 1000 Jahren erzählen. Aber für müde Fußgänger ist gesorgt

Text: Antje Liebsch

Der erste Abend in Prag verläuft etwas anders als geplant: Ich schaue über grüne Kuppeldächer, goldene Kirchenspitzen, ein Meer aus roten Schindeldächern. Und dann höre ich ein Klacken. Der Kugelschreiber springt von Blau auf Rot. „We did a good job", sagt der Herr am Nebentisch und hakt ab. Klack. Sein Freund, Vollbart, Baseballmütze, Trekkingschuhe, nickt und lässt seine Augen wieder über die Stadt tanzen. Ich folge seinem Blick: von Licht zu Licht, ein tausendfaches Leuchten, gelb und warm. Nirgends Stahl und Glas. Nur Mauern mit Geschichte. Eintausend Jahre. Stein auf Stein.

„Bellavista" heißt das Restaurant auf dem Laurenziberg über der Stadt. Für den schönsten Blick auf Prag hat der Amerikaner mit dem zweifarbigen Kugelschreiber aber keine Zeit. Er lässt ihn von Kringel zu Kringel hüpfen, vor Tagen blau gerahmt, fünf Reiseführer-Seiten lang. Prager Burg, Karlsbrücke, Altstädter Ring, Rathaus, Pulverturm, Nationaltheater, Klementinum … „Oh shit", ruft der Mittfünfziger, „we did not do St. Martin-in-the-Wall!"

Krönungsweg
Die Könige Böhmens gingen am Tag ihrer Krönung den Weg vom Königshof zum Dom. Der Palast stand einst an der Stelle, wo heute am Platz der Republik das Gemeindehaus aufragt. Der Brauch wurde beibehalten, als die Könige auf dem Hradschin residierten, und selbst, als sie in Wien saßen.

Die vier Koreaner einen Tisch weiter halten inne, die Amerikaner haben die Sankt-Martin-Kirche vergessen, Nudelsoße tropft von ihren Gabeln, ein mitfühlendes Nicken folgt. Jeder kennt das Dilemma, jeder steht vor der gleichen Herausforderung des Reiseführers: Kirchen in Unzahl, Türme über Türme, eine der größten Burgen der Welt und eine Altstadt, die Weltkulturerbe ist, mit tausenden historischen Gebäuden.

Darin gleichen sich die Prag-Besucher: Wer sich nicht einer Reisegruppe anschließt, schreibt Listen. Auch ich wollte systematisch vorgehen und verschaffte mir erst einmal einen Überblick. Deshalb war ich zum Strahov-Kloster gegangen, einer wundervollen, weiß leuchtenden Anlage über der Stadt (ein Muss auf jeder Liste). Deshalb saß ich im dazugehörigen Restaurant „Bellavista". Deshalb trank ich Klášterní Pivovar Strahov, das selbst gebraute, dunkle Klosterbier. Das Bier oder der Blick? Oder der Duft nach Flieder und Apfelblüten im Klostergarten? Ich wurde sentimental, packte meine Liste in die Tasche und beschloss, mich durch die Geschichte Prags treiben zu lassen.

Am nächsten Morgen lande ich trotzdem mitten im Hauptstrom. Denn auch hier ähneln sich alle Prag-Touristen – ob bewusst oder unbewusst, jeder findet sich irgendwann auf der Královská cesta, dem Krönungsweg. Jenem Weg, den seit dem Mittelalter die Könige Böhmens während ihrer Krönungszeremonie abschritten. Er führt quer durch die Stadt, vom Pulverturm an der einstigen Altstadtgrenze, wo man dem neuen König den goldenen Stadtschlüssel überreichte, über die Karlsbrücke hinauf zur Prager Burg. Er ist das Bett eines nie abreißenden Flusses, den Stadtführer mit bunten Schirmen, künstlichen Sonnenblumen und roten Glitzerbändchen durch die Epochen leiten. Vorbei an Romanik, Gotik, Renaissance, Barock, Rokoko, Klassizismus, Kubismus. Vorbei an Sandsteinfassaden, Spitzbögen, floralem Stuck und geometrischen Balkongittern. Wo in vielen europäischen Städten zwei Weltkriege Löcher in die Zeit bombten, gibt es in Prag keine Lücken. Kaum eine andere Stadt besitzt solch ein intaktes steinernes Gedächtnis.

Oft kann eine einzige Straße die ganze Geschichte erzählen. Und so lausche ich der Celetná, der Zeltnergasse, mit der der Krönungsweg beginnt. Stolz zeigt sie mir, was ihr Prag zu bieten hat. Frisch restaurierte Fassaden in Gelb und Rosé, Häuser mit romanischen Untergeschossen und Jugendstilfenstern, um die sich Ginkgoblätter ranken, Portale mit weißen Pfauen, goldene Lämmer als Wappen und Putten. Putten, Putten, Putten. Prag hat von allem etwas, aber am auffälligsten prägt der Habsburger Barock die Stadt. Eines der Haus-

Die Zeit, die Zeitläufte und den Gang der Welt zeigt die astronomische Uhr am Rathaus. Und das stündlich

wappen in der Zeltnergasse zeigt eine schwarze Sonne. Ein dunkler Fleck mit goldenen Strahlen, ein passendes Symbol für die zwei Jahrhunderte, die die Tschechen „Doba temna", das dunkle Zeitalter, nennen. Es begann 1648 mit dem Ende des Dreißigjährigen Krieges. Die katholischen Habsburger hatten über die böhmischen Protestanten gesiegt und rekatholisierten nun von Wien aus das Land. Sie behandelten die Böhmen als Menschen zweiter Klasse, ihre Sprache wurde unterdrückt. Während die Prager litten, verwandelte sich Prag in die „Goldene Stadt". Die Habsburger machten den Barock zur Herzenssache und ließen Baumeister wie Kilian Ignaz Dientzenhofer die Stadt in Gold tauchen.

Wenzelsplatz
Tagsüber ist der einstige Rossmarkt eine quirlige Shopping- und Flaniermeile. Am Abend jedoch dominieren Glücksspielhallen, Prostitution und Würstchenbuden.

Heute sind viele Kirchen so prächtig, dass sie aus Angst vor Dieben ihre Türen nur zu Predigten öffnen. Den romanischen und gotischen Fassaden sieht man die Fluten aus Blattgold, die sich im Inneren über das schwarze Holz ergießen, nicht an. Ein Heer aus Engelsgesichtern schaut von Altären, Säulen, Emporen, Deckenfresken und tanzt mir noch in den Augen, als ich wieder in eine der Altstadtgassen zurückgekehrt bin. Den Hauptstrom in der Zeltnergasse habe ich längst verlassen, offene Portale der St.-Jakobs-Basilika und der Kirche Maria Schnee locken mich an.

Ich lasse mich treiben, von Kirche zu Kirche, und entdecke dabei einen entzückenden kleinen Platz. In der Mitte eine alte, schmiedeeiserne Pumpe, Laternen mit bauchigen Lampen, eine Bank, auf der sich eine junge Frau ausruht, den Kopf im Schoße ihres Begleiters. Fast versteckt liegt am Rande eine Kapelle. Ich erwarte einen neuen Goldrausch, doch stattdessen betrete ich einen großen, fast leeren Raum. Ein paar Wandmalereien und eine einfache Holzkanzel – das war's. Kein zufälliger Kontrast. Die Bethlehemkapelle war der Gegenentwurf der Reformatoren, die schlichte Holzkanzel stand viele Jahre im Mittelpunkt der tschechischen Geschichte. Sie war die Tribüne von Jan Hus, dem Prediger, der hundert Jahre vor Martin Luther die Reform der Kirche forderte. Abkehr von Ablasshandel und weltlichem Besitz – mit solchen Forderungen riskierte man damals den Scheiterhaufen. Jan Hus wurde, unter Zusicherung freien Geleits, zum Kirchenkonzil nach Konstanz bestellt.

Hussitenkriege
Jan Hus' Angriffe auf die Kirche fanden vor einem Hintergrund starker Spannungen statt: zwischen Adel und Klerus, zwischen Deutschen und Tschechen und zwischen Reich und Arm. Sie kamen nach seinem Märtyrertod vehement zum Ausbruch. 1420 besiegten die Hussiten das Heer von König Sigismund, ihre spätere Niederlage konnte das nicht verhindern.

Am 6. Juli 1415 legte ihm ein Scharfrichter eine rostige Kette um den Hals, band ihn an einen Pfahl und schichtete Holz und Stroh von den Füßen bis zum Kinn. Als die Nachricht von der Hinrichtung des tapferen Mannes bis nach Prag drang, wurde die Reform zur Revolte und zur Revolution. Die hussitischen Adligen formierten sich und warfen an einem Julitag vier Jahre später zwei katholische Ratsherren aus dem Fenster des Neustädter Rathauses – die Premiere der berühmten Prager Fensterstürze. Das war der Start für ein 16 Jahre dauerndes, blutiges Gemetzel, die Hussitenkriege, die mit dem Sieg des päpstlichen Kreuzfahrerheeres endeten. Danach wechselten sich Luxemburger, Habsburger und polnische Jagiellonen in der Herrschaft ab, bis 1618 zwei kaiserliche Statthalter samt Sekretär aus dem Fenster befördert wurden. Diesmal fielen sie 16 Meter tief von der böhmischen Hofkanzlei der Prager Burg. Sie hatten Glück, ein Müllhaufen lag unter dem Fenster. Er stank, aber rettete ihnen das Leben. Der nun folgende Krieg dauerte 30 Jahre, die anschließende Herrschaft der Habsburger 270.

Auf dem Bethlehemplatz vor der Kapelle ist es still. Ungewöhnlich still. Es scheint, als hätte auf diesem Platz ganz Böhmen Luft für den großen Befreiungsschlag geholt. Für einen Aufstand gegen die fremden Herrscher, für den Traum vom eigenen tschechischen Staat.

Eine Menschenmenge auf der Suche nach dem alten Europa

Für nationale Träume aber brauchte das Volk Platz, und den fand es nicht in den engen Altstadtgassen, sondern in Novo Mesto, der Neustadt. Dort sind die Häuser höher, die Fassaden prächtiger, die Straßen breiter. Eine von ihnen ist besonders breit und eigentlich auch keine Straße mehr, sondern ein Platz. Karl IV. (zu ihm später mehr) hatte die Prager Neustadt planen lassen und bestimmte 1348 auch die Maße des Rossmarktes. Christliche Handwerker und Händler sollten sich hier ansiedeln und den Wohlstand Böhmens vermehren, so der Erlass des Königs. So kam es auch. Die Herrschenden sprachen Deutsch und saßen auf der Prager Burg und im Altstädter Rathaus; auf dem Rossplatz, aus dem vor 150 Jahren der Wenzelsplatz erwuchs, forderte das Volk auf Tschechisch seine Rechte ein. Gekämpft wurde mit Fäusten und Parolen, quer durch die Jahrhunderte: 1848 beim Aufstand junger böhmischer Patrioten, 1968 beim Protest gegen die Kommunisten und im November 1989, als Hunderttausende so lange „Wer, wenn nicht wir" riefen, bis die KP-Führer begriffen, dass sie nicht mehr gemeint waren. Die Samtene Revolution könnte der letzte größere Umsturz auf dem Wenzelsplatz gewesen sein.

Vielleicht. Aber das wäre ein Blick in die Zukunft, ich jedoch bin plötzlich ins 18. Jahrhundert geraten. Ich wandle auf den Spuren Mozarts und der Jesuiten, wechsele vom Ständetheater, wo „Don Giovanni" 1787 Uraufführung feierte, zum Klementinum. Allein dort ließen sich Tage verbringen, in barocken Bibliotheken, wo mehr als fünf Millionen Bücher und jahrhundertealte, goldgeschmückte Globen lagern. Ich gehe treppauf, treppab und bemerke irgendwann dieses Ziehen. Es ist kein starker Schmerz, aber eine deutliche Ermattung. Zufall oder Wunder? Jedenfalls stehe ich plötzlich vor einer jungen Frau im weißen Kittel. Sie lächelt und sagt: „Wir machen müde Beine munter." Dann verbeugt sie sich, holt weiße Tücher, verbeugt sich wieder und fährt den weißen Ledersessel zurück. Es riecht nach Menthol. Man hört samtene Klänge, sanftes Klatschen auf der Haut, Seufzen, Stöhnen, immer wieder die Türglocke und eine freundliche Stimme, die erklärt: „Leider, leider. Wir sind voll." In Prag einen thailändischen Fußmassagesalon zu eröffnen, scheint eine gute Idee zu sein. Eine viel bessere Idee, als auf der Karlsbrücke Bilder von der Burg zu verkaufen.

Eine Stunde später, mit Fußsohlen wie Seide, stehe ich mitten auf der Karlsbrücke, getaucht in Spätnachmittagslicht. Nirgendwo ist Prag goldener. Nirgendwo romantischer. Pärchen treiben auf Tretbooten über glitzernde Moldauwellen, honigfarben schimmert das Pils in den Cafés am Ufer, und sanft blitzen die Spitzen des Veitsdoms auf der Prager Burg. Stolz und erhaben thront die Burganlage mit ihren Kirchen, Palästen, Plätzen und Gärten über der Stadt. Auf der Brücke reihen sich die Tische und Staffeleien dutzender Künstler. Sie zeichnen Portraits, auf denen man später ein bisschen aussieht wie George Clooney oder Britney Spears, und sie malen die Burg. Immer wieder die Burg. Es gibt sie getupft, getuscht, radiert, bei Sonne oder Nebel, im Morgen- oder Abendlicht. Ein junger Maler aus Vietnam zeichnet sie mit beiden Händen gleichzeitig, und „Puppet-Painter" Pavel Charapov lässt den Hradschin malen. Von einer hölzernen Puppe, die er hinter einem roten Vorhang dirigiert.

Er zieht die meisten der Brückenflaneure an, noch mehr Aufmerksamkeit bekommt nur der heilige Johannes Nepomuk. Vor der ältesten und berühmtesten der 31 Brückenfiguren kommt der Strom der Flaneure immer wieder ins Stocken. Touristen aus aller Welt stehen Schlange vor dem Relief des Heiligen, das seinen Brückensturz zeigt. Als Beichtvater der Königin Sofia soll er eisern geschwiegen haben, als deren eifersüchtiger Gatte Wenzel ihm das vermeintliche Geheimnis entlocken wollte; zur Strafe, so lautet die Legende, habe Wenzel den Gottesmann ertränkt. In Wirklichkeit ließ der ständig betrunkene König mit Johann Nepomuk einen Widersacher im Investiturstreit beseitigen.

Die Legende sagt, am blank gewetzten Körper des Unglücklichen zu reiben, bringe Glück. Die ganze Welt glaubt daran, auch die Freunde von Rob in roten Shirts mit weißen Nummern, auf denen steht: „Rob's Stag". Rob feiert seinen Junggesellenabschied in Prag. Seit es Billigflüge gibt, sind solche Kurzreisen sehr gefragt in Großbritannien.

Glückssucher, Romantiker, Maler, Musiker, Puppenspieler – über der Moldau kreuzen sich die Wege aller, die den Geist des „Good old Europe" suchen

Einst armselig, heute niedlich: das Goldene Gässchen unterm Hradschin

und ihn hier verorten. Die Brücke als der Mittelpunkt Europas? Dieser Gedanke würde vermutlich Karl IV. gefallen. Etwas versteckt steht der mittelalterliche Herrscher am Beginn der Brücke, neben dem Altstädter Brückenturm. Karl IV. war der glanzvollste König Böhmens. 1344 ließ er den Grundstein des Veitsdoms legen und gründete vier Jahre später die erste Universität Mitteleuropas. Unter Karl IV. war Prag eine der bedeutendsten Städte des Kontinents, Mittelpunkt des Heiligen Römischen Reiches Deutscher Nation, das von der Ostsee bis ans Mittelmeer reichte.

Sieht man ihm seine Macht an? Und deren Vergänglichkeit? Ich schaue genau hin: Der Herrscher trägt Umhang, Schwert und eine Schriftrolle mit Wappen. Mit einem milden Lächeln unter dem Vollbart blickt er auf den Strom zu seinen Füßen. Ein Strom aus Millionen von Stimmen. Japanisch, Norwegisch, Hebräisch, Deutsch – das Konzert der Sprachen scheint gut zu klingen. Karl IV. sieht sehr zufrieden aus. □

Antje Liebsch *lernte Prag schon vor der Wende kennen und lieben. Die Geschichte der Stadt entdeckt sie bei jedem Besuch neu.*

EIN PRAGER REQUIEM

Mozart liebte Prag, und die Prager liebten ihn. Die Plätze seiner Triumphe und seiner Leidenschaften sind alle erhalten, ein lebendiger Teil der Stadt

Text: Roland Benn

Musikanten kommen in den Himmel, sagt ein tschechisches Sprichwort, aber dass es so schnell gehen würde? Noch im September war der Kammerkompositeur in Prag gewesen, zur Krönung Leopolds II.; hatte vor kaiserlichen und königlichen Majestäten dirigiert, hatte „auf höchstes Verlangen" seinen Don Giovanni aufgeführt.

Am sechsten Tag der Feierlichkeiten hatte er sogar eine nagelneue Oper auf die Bühne gebracht, vorgetragen von extra angereisten italienischen Sängern. Der Andrang zur Premiere von „La Clemenza di Tito" war so gewaltig, dass selbst Personen von Stand weggeschickt werden mussten.

Prag stand Kopf, Prag jubelte dem Superstar an Klavier und Regiepult, dem einstigen Wunderkind Wolfgang Amadeus Mozart ebenso heftig zu wie dem neuen Herrscher.

In Wien hatte man ihn verrissen, schlecht gemacht, fast vergrault, und nun war er wieder bei seinen Pragern. In den letzten Jahren hatte er sie vernachlässigt, aber er wusste ja: „Meine Prager verstehen mich."

Zwei Monate später hatte Mozart sich in Wien aufs Krankenbett gelegt, mit Fieber, eine Geschwulst verunzierte seinen noch immer jugendlichen Körper, Frau Constanze und Schwägerin Sophie kümmerten sich rührend um ihn, nähten ihm ein neues Nachthemd, das seinen aufgedunsenen Leib schonte, während Wolfgang in leichteren Momenten an einem Klarinettenkonzert arbeitete.

Dann, auf einmal, in der Nacht vom 4. auf den 5. Dezember 1791 starb Mozart am „hitzigen Frieselfieber", wie es im Totenbuch heißt. Einen Tag später war er beerdigt, Reihengrab 3. Klasse.

In Wien dauerte es ein paar Tage, bis die ersten Kondolenzen eintrafen, die Wiener selbst hielten sich gefasst. Aber Prag war entsetzt: Die Nachricht von Mozarts Ableben hatte die Stadt schnell erreicht, die Melodien des „Figaro", die seit Jahren in allen Gassen gesungen wurden, verstummten.

Die Prager liebten diese aufsässige, ungezügelte Oper, sie mag ihnen wohl wie eine elegante Ohrfeige gegen die Wiener Gesellschaft erschienen sein, und ihre Melodien waren Volksgut geworden, seit Mozart 1787 zum ersten Mal nach Prag gekommen war. Die Grafen Thun und eine ganze Gruppe hochwohlgeborener und auch bürgerlicher Verehrer hatten das Wiener Genie in ihre Stadt eingeladen. Mozart war prompt gefolgt, drei Tage Kutschfahrt durch elend winterliche Landstriche, aber er machte es sich mit seiner Constanze bequem in der neuen, der eigenen Kalesche. Ein Mann, der sich im Erfolg sonnte.

Dass es noch weiter bergauf gehen konnte, lernte er rasch: Sein Domizil war etwas weitaus Besseres als die Mozartsche Wohnung in Wien. Das Barockpalais des Grafen Thun stand ihm zur Verfügung, ein Prachtbau, an dem die Grafenfamilie seit über 100 Jahren bewies, was Geld und Einfluss architektonisch vermögen.

Von hier eroberte sich Mozart sein Prag, staunte sich in der Bibliothek des Klementinums die Augen aus dem Kopf, die er ansonsten den hübschen böhmischen Mädeln nachwandte, bezauberte die Besucher des Strahov-Klosters mit seinem Orgelspiel, dirigierte den Figaro im Ständetheater und brachte noch im selben Januar seine Symphonie in D-Dur zur Uraufführung, die seitdem „Prager Symphonie" heißt.

Wichtigstes Ergebnis der Reise jedoch war ein Auftrag. Der Prager Theaterdirektor Pasquale Bondini bestellte Mozart, einen Text über den legendären Don Juan zu vertonen, das Libretto sollte Lorenzo da Ponte verfassen, der schon Figaros Hochzeit geschrieben hatte.

Im Februar reiste Mozart ab, am 4. Oktober kam er zum zweiten Mal nach Prag, begleitet von seiner hochschwangeren Constanze, im Gepäck eine unfertige Partitur. Der Don Giovanni war noch in Arbeit, der Tod des Vaters hatte Mozarts Arbeitstempo gestört. Und das Quartier in Prag war bei weitem nicht so feudal wie im Januar: der Gasthof „Zu den drei Löwen" am heutigen Uhelný trh, dem damaligen Kohlenmarkt.

Die Aufführung der neuen Oper war auf den 14. terminiert, sie sollte zu Ehren der Erzherzogin Maria Theresia erklingen, die den Prinzen von Sachsen heiraten wollte. Doch stattdessen gab es mal wieder den Figaro, das neue Werk war noch immer nicht vollendet. Am Kohlenmarkt wohnte schräg gegenüber auch Lorenzo da Ponte, und der Streit um die Figur des Don Giovanni zwischen Komponist und Librettist soll von Fenster zu Fenster stattgefunden haben. Die Prager Bürger nahmen unten auf der Straße lebhaft Anteil und verbreiteten jede Wendung der Auseinandersetzung durch die Gassen.

Ständetheater und Mozarts Klavier in der Bertramka – sie wirken heute etwas museal. Kein Bild davon wie der musikalische Berserker Prag durcheinanderwirbelte

Schließlich konnte Mozart in die Villa Bertramka ausweichen, die die Familie Dušek ihm zur Verfügung stellte. Die Premiere des Giovanni war jetzt auf den 29. angesetzt, die Nacht durchwachte Mozart, schrieb, verwarf, schrieb und als er am Premierentag dem Orchester die Noten der Ouvertüre auf die Pulte knallte, da war die Tinte noch nicht trocken.

Wahnsinn! Und ein Riesenerfolg. Seine „böhmischen Musikanten" trugen den Meister zum rasanten Höhepunkt seines Schaffens. Prag tobte, Maria Theresia war längst abgereist.

1789 kam Mozart noch zweimal auf der Durchreise in die Stadt, die ihn liebte und zuletzt in jenen Tagen vor seinem Tod. 4000 Menschen füllten die riesige St.-Niklas-Kirche, als Prag in Tränen stand.

Und heute? Ja sie lieben ihn immer noch, aber sie haben ihm nie Monumente errichtet wie in Salzburg, ihn nie zum Halbgott erhoben wie Wien. Das war nicht nötig, die Prager hatten nichts zu bereinigen. Mozarts Zeit in Prag war seine schönste, und es war auch eine der schönsten, die Prag erlebte. □

MERIAN | INFO Wo Mozart weilte

(F/G 3) Palais Thun
1656 kaufte es Graf Guidobald Thun, Fürsterzbischof von Salzburg. In den folgenden 269 Jahren verblieb es im Besitz der Familie Thun. Während seines ersten Besuchs in Prag wohnte hier Mozart. Heute Sitz der Britischen Botschaft. **Thunovská 14 (Kleinseite)**

(F 7) Villa Bertramka
Der Sommersitz der Familie Dušek ist heute Mozart-Museum. Seit 1956 ständige Ausstellung über Mozart und das Ehepaar Dušek. Eine Locke Mozarts ist zu bewundern, außerdem das Klavier, auf dem er 1787 spielte. Ursprüngliche Einrichtung aus Mozarts Zeiten, Musikinstrumente, Porträts und ein Modell des Ständetheaters. Regelmäßig Konzerte und das auf Deutsch aufgeführte Musikstück „Eine Nacht mit Mozart". **Mozartova 169 (Smíchov) Tel. 257 31 67 53, www.bertramka.com** *Apr.-Okt. 9-18, Nov.-März 9.30-16 Uhr*

(K 3) Ständetheater
Erbaut 1781-83 von Franz Anton Graf Nostitz-Rieneck als Bühne für deutsche Opern und Dramen. Mozart war einer der ersten Komponisten, dessen Werke hier aufgeführt wurden. 1798 erwarben die Böhmischen Stände das Theater und benannten es in „Königliches Ständetheater" um. Nach wechselnden Namen, zuletzt Tyl-Theater, heißt es heute wieder Ständetheater. **Ovocný trh 1 (Altstadt), Tel. 224 90 23 22, www.narodni-divadlo.cz**

(E 3) Kloster Strahov
Das Prämonstratenserkloster ist ein überwiegend barocker Gebäudekomplex. Auf der Orgel der Maria-Himmelfahrts-Kirche spielte Mozart im Jahr 1787, als er das Kloster mit Josepha Dušek besuchte. **Strahovské nádvoří 1 (Hradschin) Tel. 220 51 66 71, www.strahovskykla ster.cz** *tgl. 9-12, 13-17 Uhr*

(I 3) Klementinum
Das einstige Jesuitenkolleg enthält mehrere Kirchen und Höfe. 1622 wurde die Bibliothek der Karls-Universität hierher verlegt, 1777 für die Öffentlichkeit zugänglich gemacht. Mozart besuchte das Klementinum und seine Bibliothek 1787. Daran erinnert die Büste am Eingang. **Mariánské náměstí 5 (Altstadt), Tel. 603 23 12 41** *März-Dez. Mo-Fr 14-18, Sa-So 11-18 Uhr*

Die großen Lettern (F/G3) in den Texten verweisen auf die Planquadrate der MERIAN-Karte (S. 123)

Im Visier der Touristen: Zwei Mitglieder der jüdischen Gemeinde
vor dem Jüdischen Rathaus in der Maiselgasse

Junge Gäste in den alten Gassen: Eine Touristengruppe im Herzen der Josefstadt – links die Altneusynagoge, rechts das Rathaus

Fotos: Jens Rötzsch

NICHT MEHR GANZ KOSCHER

Die jüdische Gemeinde Prags existiert seit rund 1000 Jahren. Henryk M. Broder hat Josefov besucht und zwischen den Touristenströmen tatsächlich auch Juden gefunden, die hier leben und arbeiten

„Der Tourismus hilft uns sehr“, sagt der Rabbi. Dafür nimmt er Miniröcke zwischen den Gräbern in Kauf

Namen, die anklagen: Die Wände der Pinkas-Synagoge tragen die Namen, Geburts- und Sterbedaten aller 77 297 von den Nazis ermordeten Juden aus Böhmen und Mähren

Männliche Besucher dürfen jüdische Einrichtungen nur mit Kopfbedeckung betreten. Am Eingang zum Alten Jüdischen Friedhof gibt es für fünf Kronen „Einweg-Kipas“

Rund 12 000 noch erhaltene Grabsteine befinden sich auf dem Alten Jüdischen Friedhof. Er ist eine der Haupttouristenattraktionen – mit den Eintrittsgeldern finanziert die jüdische Gemeinde Schulen und Altersheime

Das „King Solomon“ liegt im Herzen der Josefstadt (Široká 8) und ist eines der ältesten koscheren Restaurants der Stadt

Nostalgie-Tour: Eine Rundfahrt mit einem Oldtimer ist besonders bei amerikanischen Gästen beliebt

Invasion der Touristen: Das alte jüdische Viertel ist „hip“– manch Gemeindemitglied sehnt sich eher nach dem vergangenen Prag der Literaten

Viele Tschechen wollen Juden werden – nicht wegen der Religion, sondern weil es als schick gilt

In der Klausen-Synagoge ist eine Ausstellung alter hebräischer Handschriften zu sehen. Gottesdienste werden hier nicht mehr abgehalten

Am Samstag isst der Rabbi früher zu Abend. Der längste Schabbat des Jahres ist erst nach 22 Uhr vorbei, und bevor sich die Gemeinde zum Gebet in der „Altneusynagoge" trifft, bittet der Rabbi „zu Tisch" im Gemeinderestaurant. Männer und Frauen sitzen separat, es gibt kalte Gerichte, die man nicht aufwärmen muss, denn zu den vielen Sachen, die ein gläubiger Jude am Schabbat nicht machen darf, gehört auch das Entzünden von Feuer. Es ist ein altes Verbot aus einer Zeit, als noch über offenem Feuer unter freiem Himmel gekocht wurde. Aber es gilt noch immer. Und einen Herd oder Ofen per Knopfdruck zu aktivieren, käme dem Anzünden eines Feuers gleich.

Deswegen darf der Rabbi auch vom Sonnenuntergang am Freitagabend bis zum Sonnenuntergang am Samstagabend nicht rauchen, was ihm nicht leicht fällt, denn er verbraucht sonst zwei bis drei Päckchen am Tag.

Man darf während des Schabbat, der im Sommer wegen der langen Tage nicht aufhören will, auch nicht schreiben, nicht einmal eine Adresse auf eine Papierserviette kritzeln. „Kommen Sie morgen um 12 in meine Wohnung", sagt der Rabbi, und ich memoriere seine Adresse, bis ich wieder auf der Straße bin und das Notizbuch und einen Stift aus der Tasche holen kann. Der Schabbat ist noch nicht vorbei, aber der Allmächtige wird es mir verzeihen und der Rabbi bestimmt auch, denn er kennt sich in der Welt außerhalb der Synagoge aus.

Nach dem Ende des Kommunismus glich die jüdische Gemeinde einem Altersheim in Auflösung

Karol Sidon wurde 1942, mitten im Krieg, in Prag geboren. Sein Vater war Jude, seine Mutter Christin, was ihn nach den Regeln der „Halacha", des jüdischen Religionsgesetzes, zu einem Nichtjuden machte, denn nur Kinder jüdischer Mütter gelten als Juden, egal wer der Vater ist. Der Vater, Offizier der k.u.k. Armee im Ersten Weltkrieg, wurde von den Nazis 1944 in die Festung Terezín bei Prag abtransportiert und dort ermordet. Da war Karol gerade zwei Jahre alt.

Nach dem Krieg besuchte er das Gymnasium und studierte an der Prager Filmhochschule Dramaturgie, schrieb Drehbücher, Hörspiele und Romane, bis er mit anderen tschechischen und slowakischen Dissidenten die „Charta 77" unterschrieb. Danach musste er sich andere Arbeiten suchen, „Jobs, die man allein finden konnte", ohne auf das Wohlwollen der Partei angewiesen zu sein. Er schaufelte Gräber auf dem jüdischen Friedhof, arbeitete als Heizer in einem Hotel und verkaufte Zeitungen und Zigaretten in einem Kiosk. Andere Dissidenten wurden Fensterputzer, „und das waren schon bessere Jobs, die nicht jeder bekommen konnte". Zwischendurch wurde er verhaftet, ohne irgendetwas angestellt zu haben, „das war vollkommen normal". Als ihm 1983 die Ausreise angeboten wurde, überlegte er nicht lange

Auch die mit maurischen Stilelementen überraschende Spanische Synagoge wird überwiegend als Konzert- und Ausstellungshalle genutzt

Erzählt aus einem bewegten Leben: Karol Sidon, Oberrabbiner von Prag und Landesrabbiner von Tschechien

und ließ sich in die Bundesrepublik abschieben, wo er politisches Asyl bekam. Und da beschloss der Dissident, Rabbiner zu werden. Von 1984 bis 1990 studierte er an der Hochschule für jüdische Studien in Heidelberg, ging dann für zwei Jahre nach Jerusalem, wo er orthodox ordiniert wurde – und kehrte 1992 nach Prag zurück. Kurz nach dem Ende des Kommunismus glich die jüdische Gemeinde einem Altersheim im Zustand der Auflösung: „Das waren 800 Leute, das Durchschnittsalter lag bei 80 Jahren, es gab noch einen Vorbeter, aber keinen Rabbiner."

Und so wurde Karol Sidon fast automatisch Prager Oberrabbiner und der Landesrabbiner für Tschechien. Heute hat sich die Gemeinde in der Hauptstadt auf 1600 Mitglieder verdoppelt, das Durchschnittsalter liegt bei 55 Jahren, dank den Exilanten, die – oft auch mit ihren Kindern – nach Prag zurückgekommen sind. „Die Freiheit wirkt Wunder!", sagt der Rabbi, hebt die Augen zum Himmel und zündet sich die nächste Zigarette an. In drei Synagogen finden regelmäßig Gottesdienste statt, es gibt neben der orthodoxen auch eine kleine konservative und eine noch kleinere progressive Gemeinde, die keine eigenen Synagogen haben.

Aber was heißt schon „orthodox", wenn gut die Hälfte der Gemeinde-Mitglieder mit Nichtjuden verheiratet ist und ihre Kinder nicht jüdisch erzieht? Schon vor dem Krieg galt die Gemeinde als „assimiliert", damals waren es die Juden freiwillig, heute aus Bequemlichkeit und Mangel an Alternativen. Und deswegen hat Rabbi Sidon durchgesetzt, dass auch Kinder nichtjüdischer Mütter und jüdischer Väter in die Gemeinde aufgenommen werden, ohne dass sie konvertieren müssen. Das entspricht zwar nicht ganz der „Halacha", aber auch das Jerusalemer Rabbinat hat die Regelung abgesegnet. Die „Vaterjuden" heißen inoffiziell „Tatínkovci" und tragen wesentlich zum Gemeindeleben bei.

Doch nun hat der Rabbi, der zum dritten Mal verheiratet ist und vier Kinder hat, ein anderes Problem. Viele Tschechen wollen Juden werden. Nicht weil sie einen Ausdruck für ihre Religiosität suchen oder mit jüdischen Partnern leben, sondern „weil es schick ist, Jude zu sein". Die Möchtegernjuden, die Sidon zurückweist, versuchen es dann bei einer Reformgemeinde im Ausland und kommen als Juden nach Prag zurück. „Ich verstehe die Leute nicht, es ist doch keine Schande, ein Nichtjude zu sein."

Freilich: Wie „hip" das Judentum derzeit ist, kann auch Rabbi Sidon sehen, wenn er aus seinem Büro im „Jüdischen Rathaus" auf die Straße tritt. Das ehemalige Jüdische Viertel rund um den alten Friedhof erlebt täglich eine Invasion der Touristen. Für 490 Kronen (rund 17 Euro) kann man fünf Synagogen und den Friedhof besichtigen, entlang der Friedhofsmauer werden Souvenirs mit jüdischen Symbolen angeboten: blecherne Becher mit dem Davidstern, gehäkelte Deckchen mit der Menorah, dem siebenarmigen Leuchter, Kühlschrankmagneten mit dem Aufdruck „Prag" in hebräischen Buchstaben. Es gibt jüdische Puppen und Marionetten, die so aussehen, als kämen sie direkt aus dem Ghetto. Rabbi Sidon sieht es pragmatisch. „Der Tourismus hilft uns sehr", mit den Einnahmen werden der Kindergarten für 25 Kinder, eine Grund- und Oberschule für

180 Schüler, ein Altersheim und eine Tages-Pension für die Senioren finanziert. Und dafür nimmt er in Kauf, dass Touristen in kurzen Hosen und Miniröcken zwischen den Gräbern herumstolpern.

Von einem funktionierenden jüdischen Leben kann man in einer der ältesten jüdischen Gemeinden Europas kaum sprechen. Es sei denn, man wandelt auf den Spuren der Vergangenheit, wie es Peter Brod täglich tut. „Hier wurde Egon Erwin Kisch geboren, in diesem Haus hat Kafka ‚Die Verwandlung' geschrieben, unter diesem Häuserblock hat man einen jüdischen Friedhof aus dem Mittelalter gefunden, hier stand das ‚Haus in der Karpfengasse' von Eugen Höflich alias Ben Gavriel ..." Peter Brod wurde 1951 in Prag geboren. Sein Vater Leo Brod, ein promovierter Jurist, floh 1939 nach England, wo er sich als Buchhalter und Eisenbahn-Inspektor über Wasser hielt, 1946 ging er nach Prag zurück, um in der „Restitutionsabteilung" der Jüdischen Gemeinde zu arbeiten. Als auch die Gemeinde 1948 kommunistisch gleichgeschaltet wurde, verlor er den Job und musste sich als Hilfsarbeiter und Kranführer durchschlagen, was sich schon deswegen als schwierig erwies, weil Dr. jur. Leo Brod kurzsichtig war. Ende der 50er Jahre gab man ihm wieder eine Chance – er wurde als Fremdenführer im Jüdischen Museum eingestellt. In seiner Freizeit schrieb er Artikel über das alte Prag für tschechische und deutsche Kulturmagazine (u.a. MERIAN Prag, 1961). 1969 zog die Familie Brod nach München, Peter Brod machte hier das Abitur; da zu Hause deutsch gesprochen wurde, fiel ihm die Umstellung nicht schwer. Er studierte Politik und Geschichte in München, London und Harvard und arbeitete in den tschechischen Redaktionen von BBC in London und Radio Free Europe in München, bevor er 1990 zum ersten Mal als Korrespondent nach Prag ging, wo er bis heute als Journalist arbeitet. „Die Rückkehr nach Prag war kein Traum, der plötzlich wahr wurde, ich war im Westen integriert und wurde dann vom Zerfall des Kommunismus überrascht."

Brod ist, wie sein Vater, Prager aus Überzeugung. Wenn es so etwas wie eine Prager Staatsangehörigkeit geben würde, hätte er sie längst beantragt. „In Deutschland habe ich mich immer als Tscheche und Jude gefühlt, hier bin ich Tscheche und Jude, und das ist kein Gegensatz wie Deutscher und Jude. Es mag in der Welt andere schöne und geschichtsträchtige Städte geben, an Prag kommt keine ran." Und wenn er „Prag" sagt, dann meint er natürlich vor allem jene literarische Landschaft, die Max Brod, der Nachlassverwalter von Franz Kafka, als den „Prager Kreis" beschrieben hat, ein Milieu von Schriftstellern, Kritikern, Dichtern und Luftmenschen, die miteinander befreundet und miteinander verkracht waren und das literarische Leben der Stadt von der Jahrhundertwende bis in die 30er Jahre bestimmten. Die meisten waren Juden, die deutsch sprachen und schrieben. Lange bevor der Begriff „multikulturell" erfunden wurde, war er in Prag schon gelebte Wirklichkeit.

Wie seine Vorbilder spricht und schreibt auch der Journalist Peter Brod auf Tschechisch und Deutsch, außerdem hat er Englisch und Russisch gelernt. Jeden Monat fährt er für einige Tage von Prag nach München, um zu sehen, was es in der Osteuropa-Abteilung der Bayerischen Staatsbibliothek an Neuerscheinun-

Cafés und Designer-Boutiquen bestimmen das Bild rund um den Boulevard Pařížská (Pariser Straße)

Der Zeremoniensaal im Gebäude der Beerdigungsbruders[chaft] neben dem Alten Jüdischen Friedhof ist heute ein Museum

gen gibt. Dann fährt er wieder heim, in das jüdische Prag, das nur noch in der Literatur weiterlebt.

Wahrscheinlich ist Arnost Lustig einer der letzten seiner Art. 1926 geboren, war er zu jung, um zum Prager Kreis zu gehören, aber er hat noch Max Brod getroffen, in den 60er Jahren in Tel Aviv. Wir sitzen, wie es sich gehört, im Grand Café Praha am Altstädter Ring, Lustig bestellt zwei Vanillepudding mit Erdbeeren und flirtet heftig mit Jana, der Kellnerin. Ein vitaler 80-Jähriger, der sich seine Zeit zwischen Washington und Prag teilt. In Washington gibt er Kurse in „creative writing" an der American University, in Prag lebt er.

Lustig hat eine Reihe erfolgreicher Romane geschrieben, die in viele Sprachen übersetzt wurden und alle von seinem Leben und Überleben in Theresienstadt, Auschwitz und Buchenwald erzählen. Dabei wollte er eigentlich über andere Leute schreiben und Journalist werden. Von 1948 bis 1950 berichtete er aus Israel für Radio Prag, schrieb dann Drehbücher für das Filmstudio Prag und machte sich wieder auf den Weg nach Israel, als der Prager Frühling durch den Einmarsch der Sowjets beendet wurde. Aus einer Einladung an die Universität von Iowa, die er 1969 bekam, wurde ein längerer Aufenthalt in den USA. „Wenn es schon nicht Israel sein sollte, dann wenigstens Amerika."

Lustig ist der typische jüdische „Kosmopolit", ein Wanderer, der die Welt gesehen hat. Trotzdem ist er nach Prag heimgekehrt, sein jüdisches Prag. „Ich denke jüdisch, ich schreibe über jüdische Themen, ich bin ein ungläubiger Jude, aber ich bin stolz auf mein jüdisches Erbe." Er ist Mitglied der Gemeinde, will aber mit ihr nichts zu tun haben, sie ist ihm zu orthodox. „Zur Zeit des Kommunismus sind viele aus Protest zum Judentum übergetreten. Und nach der Revolution haben sie dann die Führung übernommen. Sie haben kein Verständnis für die Tradition der tschechischen Juden, die immer liberal waren." Lustig spricht von „Juden ohne jüdische Seelen", von einem „Bürgerkrieg" innerhalb der Gemeinde, lacht über die gelungenen Übertreibungen und bestellt bei Jana einen Grappa.

„Hier bin ich Tscheche und Jude, und das ist kein Gegensatz wie Deutscher und Jude"

Draußen, auf dem Altstädter Ring, wird auf einer Großleinwand ein WM-Spiel gezeigt. Lustig, der eine Weile Chefredakteur der tschechischen Ausgabe des *Playboy* war und allem Irdischen noch immer zugetan ist, hört nicht den Lärm und er sieht nicht die Touristen, die sich auf dem Platz drängeln. Er sieht nur sein Prag, das Prag von Franz Werfel und Franz Kafka, von Max Brod und Egon Erwin Kisch, von Willy Haas und Gustav Meyrink. „Was für eine Stadt", sagt er, „wie Jerusalem, nur mit einem Fluss in der Mitte, und das macht viel aus." □

Henryk M. Broder, *geb. 1946 in Katowice, lebt in Berlin, schreibt u.a. für den Spiegel und Spiegel Online, kennt Prag von vielen Besuchen.*

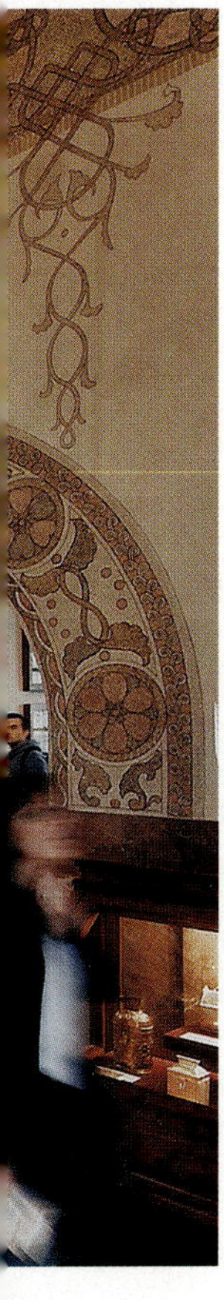

Am Abend, wenn die Besucherscharen verflogen sind, verbreitet sich in der Maiselgasse eine angenehm altmodische Atmosphäre

SHOPPING-SCHÄTZE

Text: Sandra Trauner

Einkaufen in Prag – das kann schnell anstrengend werden angesichts eines Überangebots an Plunder. Es gibt aber auch viele kleine – mal versponnene, mal feine – Geschäfte abseits der überlaufenen Wege. Wir stellen vier feine Prager Läden vor

Schmucker Schick

Wie eine angestaubte Puppenstube nach einem Glitzerregen sieht der kleine Laden in der Pariser Straße aus. Wer die israelische Designerin Michal Negrin nicht kennt, könnte ihr Prager Domizil glatt für einen Trödelladen halten. Weit gefehlt: Nicole Kidman, Kim Basinger, Uma Thurman und Céline Dion zählen zu Negrins Stammkundinnen.

In antik gestylten Vitrinen glitzern von bunten Glassteinen übersäte Ringe, Armbänder, Ohrringe und Kolliers. Die Shirts, Kleider und Hosen aus fließenden Stoffen zieren feiste Barockengel oder sepiagelbe Fotos von verklärt blickenden Mädchen. Jedes Stück ist kleinteilig veredelt mit gestickten Blumen, Glitzersteinchen oder Spitzenrüschen. „Mode und Schmuck lassen sich wunderbar kombinieren", argumentieren drei elegant-unterkühlte Verkäuferinnen. Sie selbst tragen eher schlichte Kleidung. Zur Anprobe verschwindet die Kundin hinter einem Zelt mit quastenbesetztem Baldachin; der Begleiter könnte auf dem pseudobarocken Sofa Platz nehmen, wenn Platz wäre neben den Blumenkissenbergen. So steht er zwischen Tischchen, die sich biegen unter verschnörkelten Bilderrahmen, Figürchen, Lampen, Haarspangen.

❶ Michal Negrin
(K 2/3) Pařížská 14, Josefstadt
Tel. 02 22 31 10 30

Handwerk „made in Czech"

„Wir wollen die Tradition des tschechischen Handwerks bewahren." Kein geringer Anspruch, den Tomáš Kratochvíl da formuliert. Schließlich handelt es sich um einen Laden, nicht um ein Museum – oder etwa doch? Kratochvíl ist Geschäftsführer der acht Prager „Manufaktura"-Läden. Der größte liegt an der Melantrichova, nahe dem Altstädter Ring. Hier ist jedes einzelne Stück handgemacht und stammt von einheimischen Familienbetrieben oder Behindertenwerkstätten. An die 2000 verschiedene Produkte umfasst das Sortiment. Holzspielzeug ist dabei der größte Renner: ein ganzer Raum voller Watschelenten am Stock, Kugelbahnen, leiterkletternder Männchen, wackelnder Clowns, Geduldsspiele. Das meiste unbemalt, aus rohem Holz.

In Flechtkörben drängen sich handbemalte Ostereier, deren Muster vor 200 Jahre entworfen wurden. In Regalen stapeln sich blau-weiß bedruckte Tischtücher und Servietten – das Blaudruckverfahren ähnelt der Batik und hat sich seit dem 18. Jahrhundert nicht verändert. Auf Tischen ausgebreitet liegt handgestrickte Kinderkleidung. Es gibt Keramiktassen, Puppen aus Maisstroh, handgeschöpftes Papier. Kleine Schautafeln informieren über die Technik der Herstellung, das Alter des Designs oder die verwendeten Materialien – doch ein bisschen wie in einem Museum.

❷ Manufaktura
(K 3) Melantrichova 17, Altstadt
Tel. 02 21 63 24 80

Kristallklassiker

Sie schmücken die Tafeln von Prinzessinnen, Präsidenten und Päpsten. Könnten die Gläser der tschechischen Firma Moser erzählen, sie wüssten zu berichten von Gesprächen, die über die Geschicke der Welt entschieden. Seit gut hundert Jahren ist Moser die exklusivste Adresse für böhmisches Kristallglas.

In Prag residiert die in Karlsbad ansässige Glasmanufaktur standesgemäß in einem 1888 erbauten Stadtpalais. Vlastimila Mahrezi, eine elegante ältere Dame mit allerbesten Manieren, weiß von jedem Glas eine Geschichte zu erzählen: „Diese Serie wurde für Papst Pius XI. angefertigt. Jene war ein Hochzeitsgeschenk für die spätere Königin Elisabeth II." Dieses Design entstand für einen indischen Maharadscha, jenes verwendet die UNO. Bei Moser kann ein einzelnes Weinglas vierstellige Beträge kosten. Moser-Gläser waren vielleicht nie modern, aber unmodern werden sie auch nicht. Frau Mahrezi nennt das „zeitlos". Am wenigsten zeitlos sind die Farben. Gelb, grün, pink schillern viele Glasobjekte, und manche wechseln sogar die Farbe: Der künstliche Alexandrit ist im Tageslicht lila und wird unter UV-Licht blau.

❸ Moser
(K 3) Na příkopě 12, Altstadt
Tel. 02 24 22 12 93

Puppenkünstler

Vor 15 Jahren kam Pavel Truhlář aus Südböhmen nach Prag und hatte nichts zu tun. Er bastelte sich ein paar Marionetten und hockte sich in die Fußgängerzone. Als Pavel genug hatte von der Straße, mietete er einen Laden am Fuße der Karlsbrücke und später einen zweiten in der Altstadt. In denen verkauft er heute nicht nur seine eigenen Puppen, sondern 1500 Marionetten von 60 tschechischen Künstlern. Sie sehen aus wie ein stummes Volk aus unter-

❶ In ein Märchenland aus glitzerndem Schmuck und blumigen Stoffen geraten Besucher bei Michal Negrin

❷ Solide tschechische Handwerkskunst, meist aus Holz, von Manufaktura

❸ Böhmische Kristallgläser von Moser gehören zu den beliebtesten Souvenirs

❹ Marionetten von tschechischen Künstlern gibt es bei Obchod Pod Lampou

schiedlichsten Stämmen: große und kleine, neue und historische, süßliche und furchteinflößende, traditionelle, moderne, phantastische, rustikale.

Wie ein gnomenhafter Wald baumeln da die sprechenden Wurzeln, Steine und Bäume von Jakub Fiala von ihren Strippen. Das hölzerne Königspaar von Jan Růžička ist nur wenige Zentimeter groß und doch voller Poesie. Die feingliedrige Fee von Lubica Charvátová schmeichelt sich ins Herz, scheitert aber mit ihrem Preisschild an der Geldbörse.

Die Einzelteile für die Truhlář-Eigenproduktionen kommen aus der Werkstatt ein paar Straßen weiter. Jedermann darf dort vorbeischauen und seine eigene Marionette basteln. „Für Kinder haben wir einen Bausatz, sagt Pavel Truhlář, „Erwachsene dürfen auch selbst schnitzen."

❹ Obchod Pod Lampou
(H 3) U lužického semináře 5, Kleinseite
Tel. 06 06 92 43 92

Grüne Inseln im Häusermeer

Wer nur über die Touristenpfade der Altstadt streift, wird es kaum glauben: Grünflächen machen fast die Hälfte des Stadtgebietes aus. Ob Moldauinseln oder Barockgärten – die Prager Parks verzaubern

FOTOS: GREGOR LENGLER

IM GARTEN GOTTES Das Kloster Strahov ist nicht nur wegen seiner berühmten Bibliothek einen Besuch wert. Die Obstwiesen unterhalb des Klosters sind bei Touristen weniger bekannt, dabei sind sie Orte der Ruhe und bieten einen grandiosen Blick auf die Stadt

ROSAROTE BLÜTENTRÄUME Der Vojan-Park (Vojanovy sady) liegt unweit der Metrostation Malostranská an einer der verkehrsreichsten Stellen der Stadt. Nur ein paar Schritte von der Straße ist der Besucher in einer anderen Welt, in der Obstbäume und Stille die Sinne beruhigen

Foto: Peter Hirth

Verliebt in den Prager Frühling – für immer

DER SINGENDEN FONTÄNE LAUSCHEN Wer im Frühjahr auf den Stufen des Lustschlosses Belvedere unterhalb des Hradschins sitzt, blickt auf den Königsgarten und den „Singenden Brunnen“, dessen Bronzeschale durch fallende Wassertropfen zum Klingen gebracht wird

DER GARTEN DES FELDHERRN Albrecht Wenzel von Waldstein, genannt Wallenstein, ließ zwischen 1623 und 1630 diesen barocken Palast erbauen. Im Waldstein-Palais ist heute der Senat untergebracht, den wunderschönen Garten darf man trotzdem besichtigen

Wo selbst Wallenstein friedlich blieb

Versteckte Schönheit im Schatten der Burg

MEDITERRANE MOMENTE Die Gärten und Paläste unterhalb des Hradschins erinnern mit ihrer barocken Pracht an italienische Vorbilder. So auch das Fürstenberg-Palais, das heute die polnische Botschaft beherbergt. Die Gartenanlage kann man leider nur als Zaungast bestaunen: Zutritt verboten

AUF DEN SPUREN DER KÖNIGE Unweit des Ballhauses und des Lustschlosses Belvedere mit seinem königlichen Garten ziehen sich schnurgerade Wege unter alten Bäumen vorbei an kleinen Brunnen (hier der Herkulesbrunnen) und Pavillons

Wo Pragbesucher ihr grünes Wunder erleben können

Auf den ersten Blick ist Prag wie zu Stein erstarrt. Ob Jugendstil, Barock, Renaissance oder die funktionellen Gebäude der sozialistischen Ära – es sind die unterschiedlichen Architekturstile, die Bauten und Fassaden, die uns beeindrucken und unseren Eindruck festigen: eine unverschämt schöne Stadt, aber eben eine Stadt und also wenig grün.

Ein Trugschluss. Wer etwas genauer hinschaut und oft nur ein, zwei Schritte abschweift vom Krönungsweg (heute eher ein Touristentrampelpfad, großartig und sehenswert, aber eben auch nur ein kleiner Teil Prags), wird sein grünes Wunder erleben.

Zum Beispiel die Prager Burg auf dem Hradschin: Natürlich muss man den Veitsdom besichtigen und durchs Goldene Gässchen bummeln und selbstverständlich auch den Königspalast besuchen. Aber dann bitte nicht durch den Haupteingang wieder zurück mit Bus oder Tram, sondern über den zweiten Burghof in den Königsgarten. Hier verliert sich die Schar der Touristen, und wir atmen durch beim Schlendern entlang akkurat frisierter Buchsbaumhecken oder unter dem schattigen Laubdach uralter Bäume.

Und überhaupt die Seite westlich der Moldau – sie ist Prags grünes Herz. Auch der 327 Meter hohe Laurenziberg, der Petřín, an dessen Hängen bis in das 19. Jahrhundert Wein angebaut wurde, ist ein erstklassiges Erholungsgebiet mitten in der Stadt: ausgedehnte Rasenflächen, Lustschlösschen und beim Kloster Strahov weite Obstgärten, von denen man einen grandiosen Blick auf Prag genießen kann. Besser sieht man die Kulisse nur vom ebenfalls auf dem Laurenziberg stehenden „Prager Eiffelturm", der 60 Meter hohen 1:5-Miniatur des Pariser Vorbilds, die 1891 anlässlich der Prager Industrieausstellung errichtet wurde.

Ein Stückchen weiter nördlich, wo die Moldau einen Bogen macht und die Stadtteile Bubeneč und Holešovice umschließt, gibt`s mit der Stromovka (zu deutsch Baumgarten) und der Letná (Sommerberg) zwei weitere riesige und wunderschöne Parks – in die sich indes selten ein Tourist verirrt, eben weil sie auf der „anderen", der westlichen Moldauseite liegen, abseits der Altstadt. Aber dennoch schnell zu erreichen. Die Stromovka mit den Straßenbahnlinien 5, 12 und 17; die Letnáanlagen mit der Tram 1, 8, 12, 17, 18, 22 und 26 – jeweils vom Zentrum aus. Wer das jüdische Viertel, die Josefstadt, besucht, kommt auch zu Fuß über die Čech-Brücke schnell zur Letná und ihrem weithin sichtbaren Metronom auf der Aussichtsplattform. Das Monument des Künstlers David Černý wurde 1991 hier errichtet, es soll an die Vergänglichkeit der Zeit erinnern – kein zufälliger Standort: Bis 1962 stand hier die größte Stalinskulptur der Welt. Die Stromovka ist der größte Prager Park und besonders beliebt bei Joggern, Radfahrern und Inlineskatern, für die es einen rund 2,5 Kilometer langen asphaltierten Rundweg gibt. Tennisplätze, auf denen auch Nichtmitglieder einen Court buchen können, unterstreichen die sportliche Atmosphäre im Park, der im Mittelalter als königliches Jagdrevier angelegt wurde.

Natürlich wird auch auf der Letná Sport getrieben, aber mehr noch ist die „Sommerhöhe" für ihre Biergärten bekannt, in denen man an einfachen Holztischen sitzt, ein kühles tschechisches Bier genießt, Würstchen vom Grill oder mitgebrachte Verpflegung verzehrt (erlaubt!) und abends auf der Terrasse eines kleinen Lokals (beispielsweise in der Šmeralovastraße) zu Livemusik die Nacht im Park feiert. □

MERIAN | TIPPS Prager Parks und Gärten

(K 7) Botanischer Garten der Universität
Der älteste botanische Garten des Landes wurde 1775 angelegt und 1898 an den heutigen Ort verlagert.
Na slupi 16 *tgl. 10-16 Uhr (Sommer bis 18) Uhr*

(H 2/3) Vojan-Park (Vojanovy sady)
Zentral gelegene Grünanlage zwischen Metrostation Malostranska und Kampainsel. Angelegt im 17. Jh. von Karmeliterinnen. Ideal zum Ausruhen während anstrengender Sightseeing-Touren.
tgl. 8-17 (Sommer bis 19) Uhr

(F/G 1/2) Königsgarten (Královska zahrada)
Einer der schönsten Renaissancegärten nördlich der Alpen. 1534 von Ferdinand I. angelegt, während des Dreißigjährigen Krieges zerstört, im 18. Jahrhundert als Barockgarten neu gestaltet, nach dem Ersten Weltkrieg in seiner eigentlichen Renaissanceform wiederhergestellt.
Von der Burg durch einen Gang vom zweiten Burghof zu erreichen. *Geöffnet von April bis Oktober tgl. 10-18 Uhr*

(G 2) Fürstenberg-Palais
Prächtige Gartenanlage eines spätbarocken Palais (heute Sitz der polnischen Botschaft).
Valdštejnská 8 *nicht zugänglich*

(E 3) Obstwiesen Strahov
Unterhalb des Klosters Strahov am Laurenziberg (Petřín) gelegen. Vielleicht der schönste Blick auf Prag.

(G/H 2) Waldsteingarten (Valdštejnská zahrada)
Im italienischen Barockstil entworfener Garten mit Bronzestatuen (Kopien) des Niederländers Adriaen de Vries. Im Sommer finden hier auch Konzerte und Theatervorstellungen statt.
Bester Zugang über die Letenská
April bis Okt. tgl. 10-18 Uhr

(H-K 1) Letnáanlagen (Letenské sady)
Riesiges Areal an der Moldau mit Biergärten und der Letná-Terrasse, die mit ihrem gigantischen Metronom (1991 errichtet) weithin sichtbar ist.

(H/I 5) Sophieninsel oder Slawische Insel (Žofín/Slovanský ostrov)
Eine verschlafene kleine Insel inmitten der Metropole mit Bootsstegen, friedlichen Gärten und einem netten Restaurant. Romantisch mit dem Boot oder ganz profan über eine Brücke von der Masarykovo-Uferstraße zu erreichen.

(B 1) Stromovka
Größter Park der Stadt, etwas abseits der Touristenpfade im Stadtteil Holešovice gelegen. Im Mittelalter ein künstliches Jagdrevier für die Hradschinherren, heute treffen sich hier Prags Jogger, Biker und Skater zur Jagd auf die Fitness.

INSEL ZUM VERLIEBEN Ein grünes Idyll mitten in der Moldau und mitten in Prag ist die Sophieninsel. Am besten leiht man sich ein Ruder- oder Tretboot, um dort anzulegen. Sonntags flanieren hier die Familien, unter der Woche kommen die Liebespaare

STADT der Worte

Text: Bernd Noack

Was für Namen: Kafka, Kisch, Rilke, Werfel! Was für Werke: Die Verwandlung, Der Golem, Prager Geschichten! Was muss das für eine Atmosphäre gewesen sein, damals, vor hundert Jahren, als Prag die Kapitale der Literaten war. Was ist geblieben von literarischen Zirkeln in verrauchten Boheme-Cafés? Eine Spurensuche

Kluge Köpfe I: Franz Kafka, Max Brod, Egon Erwin Kisch, Gustav Meyrink (v. l.) gehörten Anfang des 20. Jahrhunderts zu den bedeutenden deutschsprachigen Prager Literaten

Im Café *Arco* sitzen wieder die Arconauten. Sicher, es „werfelt und brodelt, es kafkat und kischt" hier nicht mehr, wie Karl Kraus vor hundert Jahren schrieb, aber wenn man sich die sechs älteren Herren an den zwei zusammengeschobenen runden Kaffeehaustischen dort ansieht, wie sie angeregt und anscheinend im Besitz aller Zeit der Welt diskutieren, wie sie sich noch gegenseitig zuhören können und wollen, wie sie an diesem trüben Prager Nachmittag mitunter versonnen in die belebte und hektische Außenwelt in der Straße Hybernská hinausblicken, dann kann man sich durchaus die Szenerie von damals vorstellen, als Gäste lautlos in Journalen blätterten, als dann Max Brod hereinschneite, aufgeregt und immer wichtig mit Manuskripten fuchtelnd, Franz Werfel sich die langen Haare aus dem Gesicht strich und zu deklamieren begann, Franz Kafka etwas schüchtern am Rand der Runde saß, um alle urplötzlich mit einem sehr klug-melancholischen, rätselhaften Satz zu verblüffen und sich gleich hinauszustehlen in die düstere Prager Nacht. Die Klischees und anekdotenhaften Momentaufnahmen hängen in dem jüngst renovierten ehemaligen Literatencafé auf jeden Fall noch so selbstverständlich in der Luft wie der Qualm von Zigaretten und der Duft nach frischem Kaffee. Und am Eingang verkauft die Garderobenfrau „Das Schloß" und „Die Verwandlung" in schönen Ausgaben …

Im Café *Louvre* in der Straße Národní, im ersten Stock am Fensterplatz, kann man sich unter Stuck und Lüstern ungestört zurücklehnen. Für eventuell eintretende Geistesblitze griffbereit auf jedem Tisch: kleine Zettelchen und ein Bleistift. Und da hinten im Eck, die Gruppe junger, sich die Köpfe heiß redender Leute: Ist das schon wieder ein philosophisch-literarischer Zirkel wie damals in den 1910er Jahren, dem kaum weniger als die pure Erkenntnis am Herzen liegt? Im Interieur der Jahrhundertwende haben sich fremde Erinnerungen und Esprit wie Spinnweben festgesetzt.

Im Café des Hotels Europa am Wenzelsplatz, wo sehr alte Kellner durch sehr bröckelnden Jugendstil schlurfen, hört man noch – wenn man nur will! – die leise Stimme eines jungen Mannes, der die letzten Sätze einer seltsamen Erzählung vorträgt: „In diesem Augenblick ging über die Brücke ein geradezu unendlicher Verkehr." 1912 las Franz Kafka hier öffentlich „Das Urteil". Wenn er jetzt, einen runden schwarzen Hut auf dem schmalen, blassen Kopf, die einst elegante Treppe linkisch und verwirrt heruntergestolpert käme – keiner würde sich wundern, niemand auch wirklich Notiz nehmen.

Im Café *Slavia* gegenüber dem Nationaltheater aber sitzt leibhaftig die Schriftstellerin Lenka Reinerová und sagt: „Ja, hier gleich um die Ecke hat der Wieland Herzfelde gewohnt, da war der Exil-Verlag Malik, und ich saß damals ja in der Redaktion in einem Zimmer mit dem Kisch …" Dann schüttelt die 90-Jährige leicht ihren kleinen Kopf mit den weißen, kurzen Haaren: „Ach, es ist immer so komisch, wenn ich denke, das war alles im ‚vorigen Jahrhundert'. Quatsch ist das, das war doch alles erst vorgestern …"

Da hält man besser ehrfürchtig den Mund, und man denkt nun seinerseits verwirrt daran, dass Klaus Wagenbach einmal gesagt hat, wenn man wissen wolle, wie Kafka Deutsch gesprochen habe, müsse man nur der Reinerová zuhören.

Kluge Köpfe II: Franz Werfel, Rainer Maria Rilke und Lenka Reinerová (v. l.) – peinlich genaue Pflege der deutschen Sprache, aber mit tschechischer Melodie

All diese kleinen Szenen, die sich ohne Not heute in Prag ereignen können, deren unbeteiligt interessierter Zeuge man sein kann, haben eines gemeinsam: Sie sind lebendig durch eine Vergangenheit, in der deutschsprachige Literatur und Dichter eine ganz wesentliche Rolle im kulturellen Alltag der tschechischen Stadt gespielt haben. Als Reminiszenzen stehen sie, wie Friedrich Torberg einmal schrieb, „für jenes Prag, das ich hier im Auge habe, für jenes seltsame Rassen- und Kultur-Konglomerat, dessen deutsch-jüdisches Überbleibsel aus den Zeiten der Monarchie sich immer noch darauf berufen durfte, eine von Namen wie Kafka, Rilke, Werfel, Brod und Meyrink getragene Literatur hervorgebracht zu haben, über eines der traditionsreichsten deutschen Theater zu verfügen und wohl auch auf wirtschaftlich-finanziellem Gebiet eine unverhältnismäßig bedeutende Rolle zu spielen".

Bis die Nationalsozialisten 1939 mit ihrem Einmarsch das gesellschaftliche Leben Prags endgültig niedertrampelten, war die Stadt auch eine einzigartige Insel deutschsprachiger Kultur – eine Insel, weil zum Schluss die Zahl der Deutsch sprechenden Bürger stark zurückgegangen war. 1850 hatte der Anteil der Deutschen an der Prager Bevölkerung noch zwei Drittel betragen, durch die Industrialisierung zogen aber immer mehr Tschechen in die Stadt und an ihre Ränder: 600 000 Menschen lebten vor Ausbruch des Ersten Weltkriegs hier, die 32 000 Deutschen (die Hälfte von ihnen Juden) bildeten nur noch eine Minderheit. Es waren freilich großteils reiche Bildungsbürger, die in der Altstadt und in den neuen prachtvollen Bauten nach pariserischem Vorbild auf dem Areal des assanierten alten jüdischen Ghettos (der Josefstadt) wohnten. Ihre Kinder wurden in angesehene deutsche Schulen geschickt, studierten in deutscher Sprache, bildeten sich fort in kulturellen Einrichtungen wie dem „Deutschen Haus". Man sah sich selbstbewusst und nicht ohne Arroganz als „Elite" und blieb unter sich, oft Anfeindungen ausgesetzt seitens tschechischer Nationalisten, nicht selten Opfer antisemitischer Ausschreitungen und Beleidigungen.

Schon vor dieser Zeit hatte es eine bedeutende und vor allem auflagenstarke deutschsprachige Literatur in Prag gegeben. Junge, neuromantisch durchaus verklärte Dichter wie Oskar Wiener, Paul Leppin odert Gustav Meyrink suchten und fanden ihre Stoffe vor allem in den finster-unerklärlichen Winkeln und geheimnisvollen Gassen der Stadt rund um die Synagogen, im Mystizismus und im sanften Grauen,

MERIAN | TIPPS Orte für Leser

LITERARISCHE CAFÉS

Arco Hybernská 16 (M 3)
Mo-Fr 15-21 Uhr
Sa/So 10-21.30 Uhr

Louvre Národní 20 (I 4)
Mo-Fr 8-23, Sa/So ab 9 Uhr

Café im Grand Hotel Europa Václavské námestí (L 4) (Wenzelsplatz) 25
tgl. 7-24 Uhr

Slavia Národní 1 (I 4)
tgl. 8-24 Uhr

Imperial Na porící 15 (M 2)
tgl. 9-23 Uhr

Die Herrengasse, in der das Prager Tagblatt erschien, heißt heute Panska (L 3/4), der Ziegenplatz, wo das Savoy stand, heißt Kozí plácek (K 2).

SEHENSWÜRDIGKEIT

Die historische Bibliothek im Kloster Strahov ist nicht nur für Bücherwürmer einen Besuch wert. Die prachtvollen Lesesäle beherbergen rund 280 000 Bände vom 9. bis 18. Jahrhundert. Auch ein Besuch der Kloster-Gaststätte lohnt.

BUCHTIPPS

Hartmut Binder: Wo Kafka und seine Freunde zu Gast waren Vitalis Verlag, 264 S., 24,90 €

Paul Leppin: Prager Rhapsodie Vitalis Verlag 184 S., 9,90 €

Gustav Meyrink: Der Golem Vitalis Verlag, 304 S., 9.90 €

Lenka Reinerová: Das Traumcafé einer Pragerin Aufbau Verlag, 270 S., 7,95 €

Lenka Reinerová: Närrisches Prag Aufbau Verlag, 160 S., 16,90 €

Rainer Maria Rilke: Zwei Prager Geschichten Vitalis Verlag, 148 S., 9,90 €

Harald Salfellner (Hrsg.): Der Prager Golem. Jüdische Sagen aus dem Ghetto Vitalis Verlag, 64 S., 12,40 €

Friedrich Torberg: Die Tante Jolesch Deutscher Taschenbuch Verlag, 256 Seiten, 9 €

Klaus Wagenbach: Kafkas Prag – Ein Reiselesebuch Wagenbach Verlag, 124 S., 14,90 €

Klaus Wagenbach: Franz Kafka. Biographie seiner Jugend Wagenbach Verlag, 328 S., 29,50 €

Der kleine Vitalis-Verlag unterhält auf dem Weg von der Karlsbrücke zur Metrostation „Malostranská" eine eigene Buchhandlung. Ein zweites Geschäft befindet sich im Goldenen Gässchen 22, in dem Kafka von 1916 bis 1917 wohnte. Hier ist alles zu finden, was an Kafka und andere Prager Autoren erinnert.
U lužického semináře 19
www.vitalis-verlag.com
Sommer 9-21 Uhr
Winter 10-18 Uhr

ERINNERUNGEN hängen wie Spinnweben in den Cafés

irgendwo zwischen Religion und Sinnlichkeit, antibürgerlichem Trotz und hemmungslos verspieltem Sprachtrieb. Meyrinks „Golem“ ist noch heute ein kultartiger Stadtführer für alle, die sich selbst auf einem hoffnungslos von Touristen belagerten alten jüdischen Friedhof einen leicht wohligen mittelalterlichen Schauder auf den Rücken wünschen.

Aber der Krieg mit seiner ganz normalen Grausamkeit, seiner so unmittelbaren Lebens- und Todesnähe und seinen eigenen, sehr realistischen Gesetzen brachte eine andere Generation auch von Dichtern hervor, die einer schicken, attitüdenhaften Dämonisierung des „alten“ Prags nicht mehr bedurfte. Die falsch verstandene und glorifizierte Romantik musste einer Literatur Platz machen, die sich ganz bewusst mit dem Alltag, der Gesellschaft und den rasanten Umbrüchen auseinander setzte. Im Mittelpunkt: jene mehr zufällige Autorengemeinschaft, die sich „Prager Kreis“ nannte und um den rührigen Max Brod rotierte – liberale Geistesmenschen, Juden mit noch unentschlossener Haltung zum Zionismus, Sozialisten, kritische Beobachter einer moralisch bedrohlich aus den Ufern tretenden Epoche. Man traf sich in Wohnungen, bei Lesungen oder eben in Cafés wie dem *Arco* oder dem *Louvre* (die es noch gibt), dem *Continental* oder dem *Central* (die es nicht mehr gibt), man schrieb Feuilletons für die herausragenden deutschen Tageszeitungen *Prager Tagblatt* oder *Bohemia* (die in ihren besten Jahren zweimal am Tag erschienen), man orientierte sich nicht an phantastischen Märchenzeiten, sondern am Fortschritt, der kulturell und politisch in Wien oder Berlin diktiert wurde. Trotz aller Individualität gehörte man zusammen in Zirkeln und an Stammtischen, argwöhnisch beobachtet und bespöttelt von Außenstehenden, wie etwa von Karl Kraus, dem die abfällige „Arconauten“-Schelte für die Prager Literaten um Max Brod, diesem frühen „Kultur-Manager“, zugeschrieben wird.

Man zettelte selbstbewusst und introvertiert eine literarische Revolte gegen die intellektuelle, verbrämte Übermacht der Vätergeneration an, experimentierte mit Wörtern und Tabus, vor allem aber hatte man seine „eigene“ Sprache: ein klares, unmissverständliches, schnörkelloses Deutsch, das den Sinn und Zweck des Schreibens aufrüttelnd auf den Punkt brachte, das auf dieser Insel inmitten der Tschechisch sprechenden Bevölkerung peinlichst gepflegt wurde. Was bei weitem nicht jedem deutschen Prager, der sich so offensichtlich von „den Tschechen“ abzugrenzen versuchte, gefallen wollte. War für die einen dieses insulare Dasein von unschätzbarem Vorteil, weil keine fremden Einflüsse die Reinheit der Sprache zerstören konnten, waren andere (Rilke etwa, der seine Geburtsstadt ohnehin früh schon verlasssen hatte) der Meinung, der ganz bewusst gepflegte Kontaktverlust zum wirklichen (Sprach-)Leben brächte nur ein lästiges und eher wortarmes „Kucheldeutsch“ mit sich.

In unserer Zeit ist dieser Tonfall, bei dem immer auch eine weiche österreichische Nuance und eine sanfte, ja zärtliche tschechische Melodie mitschwingt, nur noch sehr selten zu hören in Prag. Geschrieben wird in dieser „Sprache“ freilich – sieht man nur kurz einmal von einer Reinerová und ein, zwei anderen Autoren ab – nahezu nicht mehr. Mit den Deutsch gröhlenden Nazis verschwand sie, mit ihr der Geist der Zeit, mit ihm zahlreiche Repräsentanten des engeren und weiteren Prager Kreises im Exil oder in Vernichtungslagern.

In nahezu jeder Prager Buchhandlung aber kann man sich auch heute noch mit deutschsprachiger Literatur eindecken. Überall gibt es dort Regale mit stapelweise Kafka natürlich, mit Meyrinks „Golem“, fantasylike illustriert für die sehnsüchtigen Wundergläubigen, mit Rilkes verschwommenen Erinnerungen an die Jugendzeit zwischen Kleinseite und Altstadt, es gibt Entdeckenswertes von längst Unbekannten wie etwa Hermann Ungar oder Ludwig Winder, mit etwas Glück ein wenig Kisch, mit Pech auch nur gut gemeinten, verzichtbaren Kitsch; daneben reich bebilderte Bändchen, die zu literarischen Spaziergängen durch selber nie erlebte Jahrzehnte einladen.

Und da sucht man dann abseits des Besucher-Mainstreams nach dem Geburtshaus von Egon Erwin Kisch in der Melantrichova-Gasse oder geht gar in die Kneipe *Montmartre*, wo der rasende Reporter mit der schönen Anna Čacka auf den Tischen tanzte; man geht in die alte Herrengasse, wo noch das Haus steht, in dem das legendäre „Prager Tagblatt“ gemacht wurde, das, nochmals in den Erinnerungen Torbergs, für dieses Prag „so repräsentativ war, dass es füglich selbst zu den Gipfelpunkten gerechnet werden darf, die es repräsentierte“, und das vor allem nach 1933 so vielen (jüdischen) Exil-Autoren die Möglichkeit zur Veröffentlichung und somit ein paar bitter notwendige Kronen gab; man steht vor der Civilschwimmschule (die heute ein Casino ist), wo Kafka sportlich in die Moldau-Fluten stieg; man registriert auf dem Graben, dass aus dem Deutschen längst das Slawische Haus geworden ist; man isst bescheiden und bodenständig zu Mittag im ehemaligen, damals etwas schäbigen Café *Savoy* am Ziegenplatz, wo die jiddische Theatertruppe um Jizchak Löwy allabendlich ihre von Kafka geliebten Vorstellungen gab; und natürlich findet man sich, wie magisch angezogen, immer wieder auf einem der Stühle

MERIAN | TIPP Das Kafka-Museum

Klischees als rekonstruierte Außenwelt: vor allem düster

Von der Karlsbrücke aus kann man das Transparent gut lesen: „The new Kafka Museum is open" steht an einem renovierten Gebäude auf der Kleinseite direkt am Ufer der Moldau. Und irgendwie ahnt man schon, was einen da erwartet: Vor allem Touristen sollen in eine Welt gelockt werden, die nicht ganz von dieser ist; eine Welt, die man so gern mit „kafkaesk" umschreibt und die sich fernab der Realität irgendwo zwischen bedrohlich, düster und vor allem unerklärlich erstrecken soll. Und exakt das sind die Umschreibungen der Gefühle, die man sich beim Besuch der auf zwei Etagen untergebrachten Schau dann auch eingestehen muss. Aber es hätte auch schlimmer kommen können. Zumindest begegnet man in **„The City of K."** nicht verhuschten Wachsfiguren, die sich durch dunkle Gassen drücken, auch fällt einem kein überdimensionaler Käfer ins Genick. Was nicht heißt, dass man hier Kafka nicht wirklich mit allem Sinnen begreifen soll – ob man ihn später besser versteht, ist ein anderes Thema. Denn nach einem mit Vitrinen, Fotografien und Zitaten bestückten Gang durch die Biografie des Schriftstellers steigt man über eine schmale hölzerne Treppe hinab in die Abgründe der Stadt, die Kafka geprägt hat und die einen selber jetzt gefangen nehmen soll. Kafkas Themen – die Vereinsamung, die Fremdbestimmung, der aussichtslose Kampf gegen anonyme Machtapparate – werden erahnbar, ohne dass man auch nur eine Zeile vom **„Prozeß"**, von **„Amerika"** oder der **„Verwandlung"** gelesen haben muss: Es geht durch enge Aktenschrank-Schluchten, Stimmen verfolgen einen, Telefone schrillen Angst einflößend, Maschinengeräusche rütteln an den Nerven, in einem weißen Spiegelzimmer wächst der eigene Schatten riesengroß und strebt dem unerreichbaren Schloss auf dem Berg zu. Das alles ist sehr aufwändig und bemüht gestaltet und vermittelt doch niemals viel mehr als eine konstruierte Außenwelt und das Klischee, das man aus den Büchern des schlanken, schüchternen Mannes mit dem verklärten Blick schon immer herausgelesen hat. **Am Ende aber steht man in einem leeren Raum und wie von Geisterhand öffnet sich eine Tür, auf der in alter Schrift „Prag" steht: Man wird entlassen in Kafkas Stadt** – und kann nun wirklich beginnen, die Orte zu suchen, die so eng mit Kafka verknüpft sind. Natürlich kann man Kafkas nachgebaute Welt nicht verlassen, ohne mit einem reichlich bestückten Devotionalien-Sortiment konfrontiert zu werden: Von der Kaffeetasse bis zum T-Shirt, vom Poster bis zum Kitsch aus jüdischen Symbolen ist hier alles zu haben. Ach ja, Bücher des Schriftstellers liegen natürlich auch aus.

The City of K. **(H3)**
Hergetova cihelna, Cihelná 2b
Praha 1, Tel. 257 53 55 07
Mo-So 10-17 Uhr
www.kafkamuseum.cz

im *Arco*, im *Louvre*, im *Slavia*. Dort wartet sie aber noch immer geduldig, Lenka Reinerová, die letzte der deutschsprachigen Prager Schriftsteller, und beschwert sich gerade kokett beleidigt darüber, dass man sie kürzlich in einer tschechischen Zeitung schon als „das Schlusslicht der deutschen Literatur in Prag" abgetan hätte.

Vor 90 Jahren wurde sie hier geboren, kam als blutjunge Journalistin vor dem Krieg mit den politisch links motivierten Autoren um Kisch und mit den schreibenden Exilanten aus Deutschland zusammen, flüchtete, entging als Jüdin dem KZ, fand auf abenteuerlichen Wegen rund um die Welt zurück nach Europa, wurde Opfer stalinistischer „Säuberungen" und eingesperrt, kam endlich wieder in Prag an, wo sie seitdem lebt und schreibt – auf Deutsch (ihre zahlreichen Erzählbände, „Mandelduft" oder „Das Traumcafé einer Pragerin" etwa), wo sie denkt – „in allen Sprachen, die gerade eingeschaltet sind im Kopf". Das Wort „multikulturell" kann sie dennoch nicht ausstehen: „Wir sollen jetzt alle ‚zurück nach Europa' – wo waren wir denn die ganze Zeit?"

Jetzt endlich, sagt sie dann weiter und nimmt den Erinnerungsfaden wieder auf, der uns im Gespräch mit einer für sie nie wirklich vergangenen Zeit verbunden hat, jetzt endlich wird auch ihr seit Jahrzehnten gehegter Wunsch in Erfüllung gehen: ein Literaturhaus der deutschsprachigen Prager Autoren. „Es geht nicht nur um die paar großen Namen wie Kafka, Brod oder Werfel", sagt sie. „Es gibt über hundert Schriftsteller, an die man hier erinnern kann, die ein Teil der Kultur dieser Stadt gewesen sind." Eine umfangreiche Bibliothek konnte durch Spenden bereits zusammengestellt werden, finanzielle Unterstützung ist zugesagt, Räumlichkeiten sind in Aussicht. In dem Haus sollen Lesungen stattfinden, an ein Café und eine Buchhandlung ist gedacht, Stipendien könnten junge interessierte Autoren aus Deutschland wieder an den Ort locken, der einmal so wesentlich und inspirierend war für die Entwicklung der Literatur im 20. Jahrhundert.

„Es ist ein kleines Wunder", freut sich die Schriftstellerin im *Slavia* und lehnt sich zufrieden ins Polster zurück. Vielleicht tatsächlich und schon wieder ein „Wunder" in dieser von Mirakeln so verwöhnten Stadt – aber sicher keines, für das man dieses Mal in Prag die Hilfe eines „Golems" gebraucht hat. □

Bernd Noack, *Buchhändler, Feuilletonist, Autor und Theaterkritiker, lebt seit 1963 in Fürth. Von hier hat es ihn immer wieder in das nahe Prag gezogen.*

160 Seiten,
gebunden

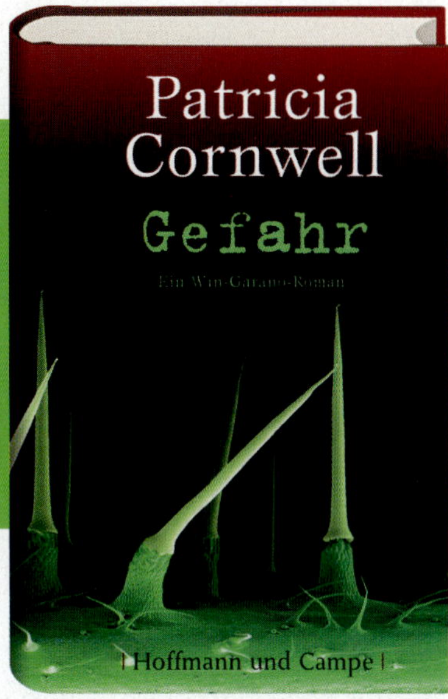

Spannung pur! Der erste Auftritt von Win Garano: Halbblut und Herzensbrecher, der Mann für unlösbare Mordfälle.

128 Seiten,
Pappband

Das Urlaubsbuch! Mit Bosheit und erfrischendem Witz: wie man auf Reisen geht – und trotzdem glücklich wird.

144 Seiten,
gebunden

Die schöne Sommerlektüre! »Eine bezaubernd-berührende Geschichte!« Gala

Mit großen Schritten in die Freiheit: Seit 2001 steht die Bronzeskulptur „Quo Vadis?“ des tschechischen Künstlers David Černý im Garten des Palais Lobkowitz. Der Trabi auf vier Beinen soll an die Flucht Tausender DDR-Bürger in die bundesrepublikanische Botschaft erinnern

FROHE BOTSCHAFT

Das Palais Lobkowitz auf der Kleinseite wurde Anfang des 18. Jahrhunderts erbaut und träumte fast dreihundert Jahre vor sich hin. Seit 1973 ist hier die bundesdeutsche Botschaft untergebracht. 1989 schaute die ganze Welt auf das Palais, als Tausende DDR-Bürger hier Schutz suchten, um ihre Ausreise in den Westen durchzusetzen

Text: Karola Kostede

Er fährt nicht, hat vier plumpe Beine statt Räder und ist das einzige ostdeutsche Automobil, das aus zwei Tonnen Bronze besteht. Der übergroße Trabant steht seit 2001 im Garten des Palais Lobkowitz, Sitz der deutschen Botschaft in Prag. Die Skulptur soll an die Ereignisse im Spätsommer 1989 erinnern, als Tausende DDR-Bürger über Prag in die Freiheit flohen – ob es 11 000 waren oder doppelt so viele, lässt sich nicht mehr sicher sagen, denn verlässliche Daten gibt es aufgrund der chaotischen Zustände, des Kommens und Gehens vieler Tausender, nicht. Und die Augenzeugenberichte der Botschaftsangehörigen und Flüchtlinge sind oft sehr unterschiedlich.

Ab August 1989 kommen sie in Scharen. Die Inkonsequenz der tschechoslowakischen Behörden, Perestroika und Glasnost machen es möglich. Die Prager Polizisten mischen sich kaum ein und sehen die Zufluchtsuchenden als ein deutsch-deutsches Problem. Die DDR-Bürger „machen rüber", was der Zaun hält. Nur der Trabant, der muss draußen bleiben. Die Innenstadt füllt sich schnell mit abgestellten ostdeutschen Gefährten. Manch einer verschenkt sein gutes Stück. Nur mit ein paar Habseligkeiten bezwingen die Menschen die eiserne Begrenzung.

„Uns war damals eigentlich alles egal, egal wie untergebracht, egal wie verpflegt, wichtig war nur … endlich sicher", erinnert sich der heute 54-jährige Hubert Kuhn. Sein neues, freies Leben mit Frau und drei Kindern beginnt gleich hinter dem Zaun der Botschaft: in einem Zeltlager auf unbestimmte Zeit. Außenminister Hans-Dietrich Genscher gibt am 24. August 1989 selbst die Weisung für das provisorische Quartier. Die Etagenbetten in der Orangerie und auf dem Dachboden im Palais genügen längst nicht mehr.

Zwölf Toiletten müssen für bis zu 7500 Menschen reichen. Doch am Anfang scheint noch ein halbwegs „normales" Leben möglich. Botschafter Hermann Huber geht im Garten von Campingkocher zu Campingkocher und probiert aus jedem Topf ein paar Löffel. Er vergibt Punkte im Wettstreit um die beste Suppe, während seine Gattin zum Trost Schultüten für die jetzt eigentlich einzuschulenden Erstklässer besorgt. Doch Mitte September kippt die Stimmung, und Huber wird immer mehr zum Krisenmanager.

Er redet auf Hungerstreikende ein und schlichtet, wenn jemand meint, ein angebliches Stasi-Mitglied entdeckt zu haben. Außerhalb des Gatters passiert auch einiges. Ungarn öffnet am 11. September ohne Absprache mit der DDR die Grenze zu Österreich. Einen Tag später erscheint der Anwalt Wolfgang Vogel, DDR-Beauftragter für Menschenrechtsfragen, mit einem Angebot: Die Flüchtlinge können ausreisen, wenn sie zur Bearbeitung der Anträge in die DDR zurückkehren. Viele gehen

„Liebe Landsleute, wir sind heute zu Ihnen gekommen, um Ihnen mitzuteilen, dass heute Ihre **AUSREISE** …“

HANS-DIETRICH GENSCHER AM 30.9.1989

Eingezwängt hinter Zäunen, aber die Freiheit so nah: Das Gedränge auf dem Gelände der deutschen Botschaft in Prag nahm im September 1989 gefährliche Ausmaße an. In provisorisch errichteten Zelten kampierten Tausende von DDR-Flüchtlingen, die hygienischen Verhältnisse waren katastrophal, der Ausbruch von Seuchen drohte

auf den Vorschlag ein. Doch 193 Männer, Frauen und Kinder bleiben in der Botschaft. Und täglich kommen mehr. Vogel reist ein zweites Mal an. Am 26. September präsentiert er ein verbessertes Angebot mit einer garantierten Ausreise nach bereits sechs Monaten. Doch er wird ausgepfiffen. Die Zahl der Rückkehrer ist diesmal geringer als die der Zufluchtsuchenden.

Die Suche nach Ausweichunterkünften bleibt ergebnislos, und die Presse meldet, die Botschaft sei aus hygienischen Gründen nicht mehr zu halten. Sie müsse geräumt werden. Es droht Panik auf dem Gelände. Der Botschafter eilt in die Visaabteilung, wo auf 12 Quadratmetern der Arzt Peter Platiel seine „Praxis“ hat. Dort beschwert er sich laut über die durchgesickerte Meldung; mit nassen Füßen, denn Waschbecken und WCs sind übergelaufen.

Am Rande der UN-Vollversammlung in New York haben der Außenminister Genscher und sein sowjetischer Kollege Eduard Schewardnadse auch ein Gespräch. Tausende drängen sich zu diesem Zeitpunkt in der Botschaft. Selbst das Treppenhaus muss für einige als Schlafplatz genügen. Am 30. September baut ein Kamerateam Scheinwerfer auf. Genscher bahnt sich einen Weg durch den mit Stockbetten gefüllten Kuppelsaal. Sein Ziel: der auf Säulen ruhende Südbalkon. Es ist 18.58 Uhr, als Genscher vor die über 4000 Menschen tritt: „Liebe Landsleute, wir sind heute zu Ihnen gekommen, um Ihnen mitzuteilen, dass heute Ihre Ausreise …“

Die weiteren Worte von Genscher gehen in einem lauten Jubelschrei unter. Später schreibt der Außenminister a. D., die Stunden am 30. September 1989 in der Botschaft gehörten zu den bewegendsten seines Lebens.

Aber wie kommt nun der Trabi in den Garten? Der Prototyp aus Glasfiber stand im Juli 1990 zuerst am Altstädter Ring. Der tschechische Künstler David Černý hatte die Skulptur mit dem Namen „Quo Vadis?“ („Wohin gehst du?“) dort errichtet – als Statement zur deutschen Währungsunion. Erst 2001 wird der Abguss in Bronze im Garten des Palais errichtet. Ein schönes Symbol, denn schließlich ist der Trabant das einzige Automobil, mit dem die Deutschen große Schritte wagten. □

MERIAN | INFO

CHRONOLOGIE DER EREIGNISSE

19. 1. 1989 DDR-Staats- und Parteichef Erich Honecker erklärt, dass möglicherweise „die Mauer in 50 und auch in 100 Jahren noch bestehen bleiben werde“.

August 1989 Ab Mitte August suchen immer mehr ausreisewillige DDR-Bürger in der Prager BRD-Botschaft Zuflucht. Am 27. August werden 215 Flüchtlinge gezählt.

12. 9. 1989 In der Prager Botschaft sind jetzt 492 DDR-Bürger. Vertreter aus Ostberlin und Bonn versuchen den Flüchtlingen nahezubringen, dass sie vor einer Ausreise in die Bundesrepublik in die DDR zurückkehren sollen. Die Mehrzahl willigt ein, aber 193 Personen bleiben in der Botschaft.

27. 9. 1989 Die Zahl der Ausreisewilligen in der Botschaft steigt dramatisch. 1380 „Gäste“ werden auf dem Gelände gezählt. Außenminister Genscher verhandelt nahezu täglich mit seinen Amtskollegen aus der DDR, der UdSSR, der Tschechoslowakei, Polen, den USA und Frankreich.

28. 9. 1989 Über 2500 Personen lagern auf dem Gelände. Die hygienischen Zustände sind katastrophal.

29. 9. 1989 Die DDR gibt nach: Man ist bereit, die Botschaftsflüchtlinge ausreisen zu lassen – allerdings nur über das Staatsgebiet der DDR.

30. 9. 1989, 18.58 Uhr Außenminister Genscher verkündet den rund 4000 Flüchtlingen, dass ihre Ausreise möglich geworden ist. Am Abend fahren sie in sechs Sonderzügen über das Gebiet der DDR in den Westen.

5. 10. 1989 Nachdem 7600 neue Botschaftsflüchtlinge in den Westen gelangt sind, führt die DDR eine Visumspflicht für Reisen in die ČSSR ein.

Prag dort drüben: nicht immer mächtig, aber immer stolz. Hier die Malá Strana: eigensinnig, unbeherrscht

SCHIEF UND SCHÖN

Als Jan Neruda 1878 die Kleinseite besang, konnte er nicht ahnen, wie hartnäckig das schon damals brüchige Viertel die Zeiten überstehen würde

Text: Bernd Noack **Fotos:** Peter Hirth

Wer auf die Nerudova ulice hinabschaut und die Autos ignoriert, der erkennt auf einmal die Spornergasse, wie Neruda sie beschrieb

„Das Haus ist von wunderlicher Bauart, wie es deren auf dem steilsten Abhange der Spornergasse noch mehrere gibt. Das Haus hat eine verhältnismäßig bedeutende Tiefe; mit seiner einfachen Front geht es in die Spornergasse, während sich das Hintergebäude in das tiefe und tote Johannesgäßchen erstreckt.“ >

Mühevoll im Sommer, gefährlich unterm Wintereis, windet sich die Neue Schlossstiege zwischen Ziegelmauern hinauf

Der nicht enden wollende Menschenstrom von der Karlsbrücke zieht die Mostecká hinauf und zum Schloss

Wer auf der Mostecká Seitenblicke riskiert, wird belohnt: Zwischen den prächtigen Fassaden locken enge Wege und Gänge zum Erkunden des Verborgenen

„Die Steilheit bringt es mit sich, daß das Hintergebäude trotz seiner zwei Stockwerke doch niedriger erscheint als das einstöckige Vordergebäude.“ >

Gassen, so schmal, dass zwei Menschen sie nicht passieren können. Die Ampel regelt es

Keine Angst vorm Prager Fenstersturz: Katzen, die heimlichen Königinnen der Kleinseite, haben alles im Blick

Alte Bücher in alten Mauern. In der Nerudagasse liegt wohl noch manche Erstausgabe des Namensgebers

Wo die Kleine Seite jung ist: Über drei Stockwerke feiert man im Musikclub Újezd

„Diese beiden Teile sind mit keinen Baulichkeiten verbunden, fensterlose Mauern der Nachbargebäude steigen zwischen ihnen empor."

Häuser in solch wunderlicher Bauart, wie sie der Schriftsteller Jan Neruda (1834-1891) beschrieben hat, stehen auf der Prager Kleinseite noch immer. Zwar heißt die Spornergasse nun selber Nerudova ulice, dafür kann man „Johannesgäßchen" noch, in großen, verschnörkelten Lettern auf eine bröckelnde Hauswand gepinselt, deutlich lesen. Die Katze hinter staubblinder Scheibe hat das Geschehen auf der steinernen Stiege, die beide Gassen miteinander verbindet, angestrengt im Blick; über ihr aus dem Fenster lehnt ein alter Mann im Unterhemd und blinzelt in die Prager Sonne, die sich zwischen zwei eng aneinander geschmiegten windschiefen Giebeln durchzwängt. Im Hinterhof hält sich hartnäckig der dumpfe Geruch nach einem Mittagessen mit viel Kohl, auf wackligen hölzernen Balkonen trocknet Wäsche vor sich hin, eine Frau in Kittelschürze schnauft die gefährlich ausgetretene Treppe hinauf. Jemand ruft hinter einer flatternden Gardine und das Echo hüpft in der Enge des Hofes von einer Wand zur anderen, schlüpft in offene Korridore und versickert in klaffenden Mauerritzen. Das Haus steht schief, ein noch viel schieferes daneben hält es gerade noch. Aber es steht – und es lebt seit ein paar Jahrhunderten.

Wer sich mit Nerudas alten „Kleinseitner Geschichten" auf die verschlungenen und verwinkelten Wege durch die Gassen und über kleine Plätze des Viertels unterhalb der mächtigen Prager Burg begibt, muss mit solchen „Wundern" rechnen. Ist etwa die Zeit stehen geblieben? Natürlich nicht, und Geduld tut zunächst auch Not, wenn man sich im Touristenstrom auf dem „Königsweg" von der Karlsbrücke in Richtung Niklaskirche und weiter den Berg hinauf schieben lässt.

Das ist alles sehr heutig und erinnert keineswegs an Nerudas Viertel, jenes „Paradies" der Bescheidenheit, von dem der Dichter schrieb und in dem er in „poetischen Winkeln" und „verschwiegenen Gassen" die einfachen Menschen mit ihren sehr bodenständigen Sorgen und Schrulligkeiten ein nur wenig überirdisches Leben führen ließ. Heute verbirgt sich dieser ganz normale Alltag auf der Kleinseite hinter zum

Überraschung im Winkel: ein Kleinstrestaurant in der Nähe des Palais Lobkowitz

Teil gelungener Fassadenkosmetik, verschanzt sich in höhlenartigen Höfen, vor die jetzt teure Lokale, Wechselstuben, Andenkenläden geschaltet sind, ist unsichtbar auf Stiegen, die hinter für fremde Besucher versperrten Hauseingängen beginnen, wird gemieden unter Arkaden, wo es muffig und feucht nach abgestandener Zeit riecht.

Die unzähligen Besucher mit ihren Blitzlichtblicken hasten wohl mehr unwissend als desinteressiert durch die Nerudova, die trotzig stolz den Namen des Schriftstellers trägt, der hier im Haus „Zu den zwei Sonnen" lange wohnte; sie keuchen hinauf zum Hradschin, ohne ihre Neugierde an einen der unscheinbaren kleinen und stillen Gärten hinter schiefen Mauern gleich um die belebte nächste Ecke zu verschwenden; sie bestaunen Gold und Schnörkel an den prunkvollen Stadtpalais und übersehen die verwitterten Hauszeichen, die kaum noch erkennbaren „Drei Lilien", den verblassten „Goldenen Kelch", den müden „Kater"; sie stieren ergriffen vom Burgberg auf die „Goldene Stadt" und streifen das wellige Dächermeer nur flüchtig mit ihren beschäftigten Augen. Sie lassen sich die Wunder entgehen. Dabei wären sie zum Greifen nahe.

Die Kleinseite ist das sicherlich widersprüchlichste Quartier der an Ungereimtheiten so reichen Stadt Prag. Zwischen den geduckten, unscheinbaren Häusern erheben sich protzige Paläste, die sich gleichfalls emporstrebende Adelige – die Liechtensteins und Lobkowitzens, Fürstenbergs und Waldsteins – im 17. und 18. Jahrhundert hier bauen ließen in ihrem Drang, im Dunstkreis der Herrscher auf der Burg residieren zu müssen. Auch heute noch springen einem die vornehmen, barock verzierten Fassaden ins Auge, daran vor allem die Flaggen aus aller Herren Länder, die von den dort nobel untergebrachten Botschaften gehisst werden; dem kleinstädtischen, ja dörflichen Charakter konnten sie gleichwohl nichts anhaben. So eng liegen hier gekaufte Macht und erlittene Ohnmacht nebeneinander, dass man angesichts des über allem wie unerreichbar thronenden Hradschins freilich zunächst an Kafkas „Schloß" denken muss, das auch wie ein fremder massiger Körper über dem ungeschützten Dorf drohend wacht.

Dabei hatte Jan Neruda schon Jahre vor Kafka in seinen Geschichten von Abhängigkeiten, Armut und Demut erzählt, wie sie im Kleinseitner Alltag des 19. Jahrhunderts an der unumstößlichen Tagesordnung waren. Etwa wenn er über die Leutchen schrieb, die er in die Niklaskirche begleitete: Hier fielen sie auf die Knie, sündig und eingeschüchtert vor einem unsichtbaren Herrn, der sie mit einer Überfülle an glänzendem Gold auf Figuren und Altären blendete und überwältigte. Es ist dies in unseren Tagen noch eine unbeschreibliche Verschwendung, die einen betört und beinahe aus der Kirche ins Freie treibt. Draußen auf den Stufen, auf die die Pestsäule einen langen Schatten wirft, wo die „schwefelige, abgestandene Luft der letzten Tage" noch steht, dann aber gleich eine ganz andere Wirklichkeit, die auch die Zeiten überdauert hat: der Bettler, der seinen ganzen Körper reumütig auf das alte Pflaster wirft – ist er nicht der nämliche, der vor Neruda schon seine Hand ausstreckte? Freilich, sein Becherchen für spärliche Münzen ist längst aus dünnem Plastik …

Man kann hier schnell ins falsche Schwärmen kommen über die pittoreske Einfachheit und den morbiden Charme des Verfalls, der sich überall zeigt, wenn man sich in die Seitengassen verdrückt, genervt von Besichtigungstrubel und aufgemotztem Postkartenidyll. Der Name Neruda wird dafür gern missbraucht und verspricht in Bierlokalen, auf T-Shirts und Wandtellern eine alte Zeit, die niemals wirklich gut war.

Und so kann man auch wehleidig über die Sünden des Fortschritts jammern, der die Fluchtpunkte von

Phantastische Deckengemälde und eine Orgel, auf der Mozart spielte: die Barockperle St. Niklas

Der Hradschin zieht die Blicke auf sich und viele Besucher strömen ahnungslos an der Kleinseite vorbei

Nerudas ruhm- und glücklosen, schicksalergebenen, doch immer überlebenswilligen Helden bedenkenlos verschwinden ließ. Aus dem berühmten Gasthaus „Zum Steinitz“ am Badegassen-Eck, wo sich die beiden Herren Ryšánek und Schlegl ein Leben lang verbissen anschwiegen, ist ein Bioladen geworden; oben beim Strahov-Kloster das Gasthaus „Zu den drei Lilien“, wo das Bier die Sorgen wegschwemmte: aufgegeben. Auf seinen Stufen lassen sich trotzdem zwei müde Touristinnen nieder. Es gibt auch keine dieser einst unentbehrlichen Greißlerläden mehr, wo neben alltäglichem Kram vor allem Klatsch und Tratsch zu haben waren. Die abgeschiedene Gemütlichkeit der Insel Kampa unter der Karlsbrücke muss man sich teuer erkaufen in chic dekorierten Weinstuben, in denen sich keine besorgte Frau Lakmus, kein seltsamer Herr Kupka, kein alternder Doktor Loukot (oder wie die Originale in Nerudas Erzählungen alle heißen) noch ein Viertel leisten könnten. Unbemerkt kann man sich heute auch nachts nicht mehr durch Gassen stehlen: An jedem Gebäude, das Diplomaten beherbergt, blinken Überwachungskameras.

Und trotzdem ist – in den sehr frühen Morgenstunden ganz sicher! – ein Spaziergang auf der Kleinseite immer noch auch eine Zeitreise in die Vergangenheit: Wenn sich die ersten kleinscheibigen Fenster auf die Gasse öffnen, herrscht für einige Augenblicke in der Nerudova, der Úvoz, der Jánská oder der Šporkova das gleiche kleine Leben wie vor über hundert Jahren und wie es Neruda sah: „Allmählich wurde es doch lebendiger. Die weißen Vorhänge verschwanden von den Fenstern, eines derselben wurde geöffnet, und darin zeigte sich eine Gestalt, schaute zum Himmel und Gipfel des Laurenziberges empor und sprach dann etwas von einem schönen Morgen in das Innere zu den übrigen Mitbewohnern. Auf den Stiegen und Gängen begegneten einander die Leute … Im Eckfenster des ersten Stocks des Vordergebäudes zeigte sich ein hochgewachsener Mann mit einem rotbraunen, pickeligen Gesichte und zerzausten grauen Haaren. (…) Er blickte auf das benachbarte, bis jetzt noch verhängte Fenster … Da krachte das Nachbarfenster und öffnete sich …“

Verstört steht man da und hört und schaut: Die anschwellenden Geräusche und lauter werdenden Stimmen hallen müde zwischen den engen Mauern und durch die steilen Hinterhöfe huschen Frühaufsteher. Schnell werden erste Arbeiten und wichtige Geschäfte erledigt: Das muss alles flink gehen, denn gleich setzt der Strom der Fremden wieder ein. Dann ziehen sich die Bewohner zurück, Gardinen werden zugezogen, die wahre Kleinseite existiert im Verborgenen weiter.

Dann geht man am besten auch und kehrt den plötzlich stummen Häusern den Rücken. Die Stiege zum Johannesgäßchen hinab und ein wenig hinaus aus der kleinen Stadt, auf der so ganz anderen Seite von Prag. Unten im Tal läuten die Glocken der Borromäuskirche, rechts oben das Kloster liegt noch im Morgenschatten, die Moldau da hinten glitzert schon silbern – und ein alter Mann mit traurig-glänzenden Augen und langem, dichtem Bart fasst einen am Arm und weist mit dem Finger: Dort drüben, „der Laurenziberg ist mit weißen Blüten umhüllt, als wenn aus ihm überall Milch herausschäumen würde, und die ganze Kleinseite ist mit Fliederduft erfüllt“. □

Bernd Noack, *Feuilletonist und Theaterkritiker, schrieb auch über Prags Literaten.*
Die „Kleinseitner Geschichten“ erschienen 1878, auf Deutsch 1885. Heute gibt es sie im Vitalis Verlag, 14,90 Euro.

MERIAN | TIPP Vom Sklavenmarkt zum Idyll

Schon bevor die Kleinseite als Stadt existierte, war der Ort ein wichtiges Zentrum des Fernhandels an der Straße vom Wolgagebiet nach Córdoba, über die die islamische Welt vor allem mit Sklaven versorgt wurde. Bis 1784 war die Kleinseite (vom lat. Civitas Minor Pragensis) eine eigenständige Stadt, die 1257 mit norddeutschen Kolonisten gegründet und mit Magdeburger Stadtrecht versehen wurde. Die Anlage der **Stadtmauer** aus dem 14. Jh., die am **Kloster Strahov** und der St.-Laurentius-Kirche vorbeiführte und bis zur Moldau reichte, erwies sich allerdings als zu optimistisch: Der überwiegende Teil der ummauerten Fläche blieb bis heute unbebaut. Diese so genannte Hungermauer, sechs Meter hoch und zwei Meter breit, ist heute noch gut zu erkennen. Einen besonders schönen Überblick verschafft man sich vom **Aussichtsturm** an der Laurentiuskirche auf dem **Petřín** (Laurenziberg).
In den Hussitenkriegen (15. Jh.) und bei Bränden im 16. Jh. wurde die Stadt praktisch völlig zerstört. Das schuf den Platz für Adelspaläste im Renaissance-Stil. Die meisten wurden allerdings nach dem Dreißigjährigen Krieg barock umgestaltet.

BIER– RUND UM DIE UHR

Text: Thorsten Kolle **Fotos:** Peter Hirth

Ein typischer Tag in einer typischen Prager Bierkneipe beginnt mittags und endet um Mitternacht. Dazwischen liegen Pilsener-Urquell-Ströme, deftiges Essen und skurrile Bekanntschaften – das ganz normale Leben eben

Der Herr der Biere in der Kneipe „Zum Nilpferd" („U Hrocha"): Manch Gast hält ihn nach ein paar Pils für Gérard Depardieu – der Zapfhahnzauberer widerspricht nicht

12.00 UHR_Es riecht angenehm nach Gruft. Feucht, modrig. Ordentliche Schwaden kalte Asche und Nikotin stehen im Raum. Und über allem schwebt ein Hauch von Hopfen – herrlich. Es ist 12 Uhr mittags, auf Prag knallt die Sonne nieder, und ich habe einen Auftrag im Innendienst: Bier trinken in einer typischen Prager Kneipe, einer „Pivnice". Und so eine ist das „U Hrocha" („Zum Nilpferd") in der Thunovská 10 auf der Kleinseite. Schon mittags öffnen sich hier, wie in den meisten Pivnices, die Pforten zum Paradies. Ich bestelle einen halben Liter Pilsener Urquell (26 Kronen, also rund 90 Cent – juhuu!), meine bevorzugte Droge, und schaue mich um: ein gewölbeartiger Raum, die Wände aus grobem Naturstein, zwei Fenster, die dank blickdichter Schlieren nur wenig Tageslicht passieren lassen (gut so!), vier Uralt-Lämpchen an der Decke, die sich wohl seit Jahrzehnten mühen, ihr funzeliges Licht durch den Kneipendunst zu schicken. Ein sinnloses Unterfangen. Stumpfe schwarze Steinplatten auf dem Fußboden, an den Wänden schlechte Drucke mit Prager Stadtansichten, über der Tür zur Küche ein künstliches Nilpferd. Ein kleiner Ecktresen mit grünen Pilsener-Tischdeckchen (sehr liebevoll gemacht), vier Tische, auf die zwei Kellner in schwarzen Hosen und weißen Hemden gerade Reservierungsschildchen verteilen: 16 Uhr, 17 Uhr, 19 Uhr. Das erste Bier steht vor mir (irgendwoher kenne ich diesen Kellner), im original Pilsener-Urquell-Glas natürlich, mit blendend weißer Krone. Einem tiefen Schluck folgt noch tieferes Entzücken. Dieses Bier (ja, Dittsche, es perlt) entzieht sich jeder Beschreibung. Deshalb trinke ich es lieber zügig aus: Aaaah, leckerer geht nicht! Und nun kommt das Schönste an den Pivnices: Kaum habe ich das leere Glas abgesetzt, steht, zack, bevor Leere und Depression aufkommen können, der nächste frische halbe Liter vor mir. Ohne zu bestellen, ganz automatisch. Der Kellner (irgendwoher kenne ich den Kerl!) macht einen zweiten Strich auf meinen Deckel und begrüßt vier Arbeiter in grünen Overalls, die es sich am Tresen gemütlich machen und ruckzuck vier Bier und vier Becherovka, einen tschechischen Kräuterschnaps, der wie Hustensaft schmeckt, vor sich stehen haben.

13.00 UHR_Ich wanze mich an das Prager Proletariat heran und finde freundliche Aufnahme bei den – wie sich zeigen wird – routinierten Zechern. Aber erst mal wird gegessen. Die meisten Pivnices bieten eine kleine Auswahl meist deftiger tschechischer Köstlichkeiten feil. „Utopenci 200 g 30,– Kč" steht mit Kreide auf eine Tafel geschrieben. Dahinter verbergen sich eingelegte Würstchen. Ich ordere aber lieber „Pivní sýr obloha", 100 g für 45 Kronen. Das ist Bierkäse, und der passt ja besser in diese Geschichte. Die arbeitende Bevölkerung bekommt unterarmlange Würste mit Senf und pizzagroße Wiener Schnitzel serviert. Aber vorher natürlich noch ein Bier. Und zum Essen natürlich auch eins. Und danach – logo – eins zum Runterspülen. Ich werde genötigt, Becherovka mit den grünen Overalls zu trinken, und revanchiere mich mit einer Runde Bier und Wodka. Und Mirek, einer der vier,

Es gibt sie noch, die echten, oft uralten Prager Kneipen, in denen das Bier billig ist und in die sich nur selten Touristen verirren

Kneipenflirt: Manche Ehen mögen im Himmel geschlossen werden; in Prag dürften die Pivnices jedoch eine höhere Quote als Eheanbahnungsinstitute vorzuweisen haben

EIN WUNDERBARER ZUSTAND DANK BIER UND BECHEROVKA

bringt mir was Tolles bei (Reisen bildet!): das Schnapsglas mit dem Wodka vorsichtig ins Bierglas senken und es mit dem Daumen an der Glasinnenwand festklemmen und dann trinken. Bier und Wodka fließen gleichzeitig durch die Kehle und vermengen sich erst im Magen oder in der Leber oder was weiß ich, auf jeden Fall fühlt man sich wie ein menschlicher Cocktailmixer, und das ist ein ganz wunderbarer Zustand, den jeder mal kennen lernen sollte. Irgendwann enden auch die schönsten Freundschaften, und nach einer bloß zweistündigen Mittagspause müssen sich die vier Handwerker wieder den Prager Stromleitungen zuwenden. Natürlich gibt es vom Kellner noch einen Becherovka mit auf den Weg. Und da, beseelt vom sechsten (oder siebten) Bier, erkenne ich ihn plötzlich: den Kellner. Ich habe ihn schon mal im Kino gesehen, hätte gar nicht gedacht, dass er jetzt in Prag lebt. Wohl inkognito, um sich ganz authentisch auf eine Rolle vorzubereiten. Es ist – ganz unverkennbar jetzt – Gérard Depardieu! Und der Star leugnet auch gar nicht: Ja, er sei schon häufiger als Depardieu enttarnt

Hier tobt das wahre Leben: Am Abend schunkeln und schwanken im „U Hrocha" Arbeiter neben Studenten – da fällt es schwer, den Weg nach draußen zu finden

worden und habe es aufgegeben zu widersprechen. Wenn es den Gästen gefalle, dann sei er eben, bitteschön, Depardieu. Sagt es und deponiert ein frisches Pilsener vor mir.

17.00 UHR_Ich trinke mich konzentriert durch Nachmittag und Abend. Familien, Rentner, junge Pärchen, Zeitung lesende Intellektuelle und Prolls in Eishockeytrikots ziehen an mir vorbei. Mit manchen red' ich, mit vielen trink' ich. Irgendwann rückt eine Band ein, und bald dröhnt und singt und schunkelt und schwankt das ganze Nilpferd. Ich schwanke auch.

23.00 UHR_Hinaus. Es ist dunkel, die Luft frisch. Ein Mann spricht mich an. Ich erkenne ihn erst nicht, wohl weil er keinen grünen Overall anhat. Es ist Mirek. Okay, noch auf ein Schlückchen. Wir gehen wieder hinein. Auf meinem Platz steht ein frischer halber Liter. Depardieu zwinkert mir zu. □

(Anmerkung der Redaktion: An dieser Stelle verlieren sich die Aufzeichnungen unseres Kollegen Thorsten Kolle in unleserlichem Gekrakel. Wir hoffen, dass Herr Kolle sich bald von seinem Prag-Aufenthalt erholt haben wird.) Tipp: Die besten Lokale im Infoteil auf S. 113

Haus der Jugend

Eine Leistungsschau der künstlerischen Jahrhundertwende, eine immerwährende Weltausstellung, ein Monument des erwachenden tschechischen Nationalstolzes: Das Gemeindehaus ist **Jugendstil** in allen Varianten

Text: Sandra Trauner **Fotos:** Václav Jirásek und Václav Šedý

Die Verzierungen der Hauptkuppel sind so detailreich, dass der Besucher ein Fernglas benutzen sollte. Unter der Kuppel der Bürgermeistersaal, durch dessen Tür die Stadtoberhäupter auf den Balkon traten

Mit seinen sakral wirkenden Messingfenstern ist das „Französische Restaurant“(li.) ein Ort für kulinarische Großauftritte. Auch Vorhang und Tür des Riegrsaales lassen pompöse Rollen zu

Schutzbedürftig zeigt
Alfons Mucha den kleinen
Wenzel, der als Karl IV.
böhmischer König wurde.
Muchas Vorhang an
der Eingangstür wirkt
wie fürs prinzliche
Kinderzimmer gemacht

Erhebend wölbt sich die Decke über dem Konzertsaal. Er ist Friedrich Smetana gewidmet mit Scheiben aus Buntglas und allegorischen Gemälden von Karel Špillar

Seit fast hundert Jahren steht sie am Platz der Republik und lässt niemanden ohne einen Blick passieren – das Prager Gemeindehaus ist eine auffällig geschmückte Schönheit. Tief hängende Lampen schimmern wie Ohrringe. Grün-goldene Spangen umschlingen die Säulen des Portals wie Armbänder. Medaillons und Masken zieren die Fassade wie steinerne Broschen.

Manchen mag ihre Prunksucht abschrecken, doch es lohnt sich, die Dame näher kennen zu lernen. Ihr Innenleben ist äußerst vielseitig, wenn auch zum Teil schwer zugänglich. Die Gastronomie steht allen Besuchern offen, für die Musiksäle im ersten Stock muss man schon eine Konzertkarte kaufen, die Salons und den von Alfons Mucha gestalteten Bürgermeistersaal sieht nur, wer eine Führung bucht. Manche Räume wie der Billardraum oder die Clubs bleiben auch dann verschlossen.

Allein die an den Pulverturm grenzende Fassade darf der Besucher gratis bewundern – eine Galerie unter freiem Himmel. Das Thema der Ausstellung: Prags Glanz und Böhmens Größe. In dem halbkreisfömigen Mosaik über dem Eingang lässt Karel Špillar die Stadt Prag wie eine Gottheit anbeten: „Heil dir, Stadt Prag! Trotze schlechten

Der große Wurf bestätigt sich im Kleinen: in der Ornamentstickerei auf den Polstermöbeln, in der Gestaltung der Kuchenvitrine in der Konditorei, in der Glasdeko über dem Eingang

Zeiten, wie du Jahrhunderte den Stürmen getrotzt hast!" Ladislav Šaloun, der Schöpfer des Jan-Hus-Denkmals auf dem Marktplatz, stellte links und rechts der Kuppel zwei Skulpturengruppen auf, „Demütigung" und „Auferstehung der Nation" heißen sie. Die beiden Atlanten von Karel Novák auf den Eingangssäulen tragen nicht die Erde, sondern – je nach Interpretation – die Prager Laterna magica oder eine böhmische Kristallkugel.

Wer glaubt, dass nationalistische Architektur aussehen muss wie für Reichsparteitage gebaut, irrt. Auch die liebliche Formensprache des Jugendstils eignet sich als Träger programmatischer Aussagen – sofern man die Zeichen zu deuten weiß. So sind die blumen- und blätterumrankten Maskarone über den Rundbogenfenstern und die runden Steinmedaillons dazwischen nicht bloße Dekoration zur Auflockerung der Fassade: Die Köpfe symbolisieren Künste und Handwerk, die landestypisch gekleideten Figuren vertreten die Regionen des Landes.

Der Bau des Gemeindehauses war ein politischer Akt, Stein und Stuck gewordene Manifestation eines neuen Nationalbewusstseins. Jahrhundertelang war die tschechische Bevölkerung in Prag in der Minderheit gewesen, doch mit der Industrialisierung wuchs die Zahl der tschechischen Einwohner. 1861 büßten die Deutschen ihre Mehrheit im Stadtrat ein, 1880 waren nur mehr ein Viertel der Prager Deutsche. Aber noch immer hatten sie die Kulturhoheit über die Stadt, es gab das „Deutsche Haus", das Rudolfinum – die Tschechisch sprechende Bevölkerung hatte nichts dergleichen.

Auch der Ort, an dem das neue Kulturzentrum von 1905 bis 1912 gebaut wurde, hatte Symbolcharakter. Im 14. und 15. Jahrhundert stand auf dem Gundstück der Hof der böhmischen Könige. Diese Spitze ging Richtung Wien, zu den Habsburgern, die seit 1527 in Prag herrschten, aber langsam die Zügel lockerten.

Nachdem der Architektenwettbewerb von 1903 in zwei Runden keinen klaren Sieger hervorgebracht hatte, entschied der Stadtrat: Der Auftrag geht an Osvald Polívka und Antonín Balšánek. Balšánek hatte soeben den Bau des Stadtmuseums vollendet. Polívka wurde durch zwei Gebäude an der Nationalstraße bekannt, wo er unter anderem Fenster mit den Buchstaben PRAHA umrahmt hat.

1905 begannen die Bauarbeiten. 1909 wurden die ersten Säle geöffnet, bis das gesamte Haus der Bevölkerung übergeben werden konnte, schrieb man das Jahr 1912. Die Begeisterung hielt sich in Grenzen: Der Geschmack hatte sich während der Bauzeit verändert, der Kubismus war „in" und nicht wenige hielten den Stil des Gemeindehauses inzwischen für hoffnungslos veraltet. Kritisiert wurde auch die Heterogenität des Baus – ein Charakteristikum, das den Bau aus heutiger Sicht gerade so wertvoll macht.

In dem Gemeindehaus mischen sich die verschiedenen Strömungen des Jugendstils wie zu einem Kaleidoskop. Seine Vielgestaltigkeit verdankt das Haus dem Umstand, dass Balšánek und Polívka nur die Architekten der äußeren Hülle waren, im Inneren ist das Haus eine Leistungsschau der bedeutendsten böhmischen Künstler und Kunsthandwerker der Jahrhundertwende, eine Art immerwährende Weltausstellung.

Manchmal allerdings behindern sich die Formensprachen gegenseitig – wie im Treppenaufgang, wo historistische Säulenkapitelle und Balustraden aus Kunstmarmor die zarten Art-nouveau-Details ins Abseits drängen. Oder auf dem Weg ins Untergeschoss, wo bäuerliche Fliesenbilder die Treppengeländer aus filigranem Schmiedeeisen übertrumpfen.

Innerhalb der Räume bleibt die Formensprache einheitlich, jeder Saal

1906 gerade erfunden und todschick: pure Glühbirnen im Billardraum. Der Fußboden des Foyers zeigt ebenso feine Details wie die Zierfassungen der großen Kuppel

hat seinen eigenen Charakter. Wer durch das Gebäude geht, erhält eine Lektion in Stilkunde: Das „Pilsener Restaurant“ mit seinem geschnitzten Holzinterieur zeigt, wie sich der böhmische Jugendstil die Volkskunst aneignete. Der „Orientalische Salon“ belegt die Nähe zwischen Art nouveau und maurischer Formensprache. Die neoklassizistische „Konditorei“ offenbart, wie stark der Prager Jugendstil stets im Historismus gefangen blieb.

Die „Amerikanische Bar“ im Keller vertritt mit ihrer schlicht-geometrischen Gestaltung den Jugendstil britischer Prägung. Das „Französische Restaurant“ gleich neben dem Eingang verkörpert den eleganten Stil der belgischen Schule.

Hier befindet sich das spektakulärste Objekt des gesamten Hauses, eine prunkvolle Uhr, die wie ein Vorhang aus Gold und Glas von einem Bogen herabhängt. Hier prangen auch die schönsten Lampen des Hauses, obwohl im gesamten Gemeindehaus – von der Weinstube im Keller bis zur Dirigentenwohnung unterm Dach – die Lichtquellen zu den gelungensten Kunstwerken zählen. Die meisten stammen von Franta Anýž, der auch für seine Schmuckentwürfe berühmt ist, oder von František Křižík, einem Pionier, der unter anderem die erste elektrische Straßenbahn Böhmens baute.

Im „Café“ kann man die beiden Grundlinien seines Lampendesigns gut studieren. Von der Decke hängt der repräsentative Typ: der opulente Kronleuchter, an dem die Glasstäbchen klirren und die Goldornamente funkeln. An den Wänden genau das Gegenteil: die nackte Glühbirne. In der Zentralgarderobe säumen sie wie Perlen die Decken, im Cafe werden sie präsentiert wie Schmuckstücke in Vitrinen. Was 2006 ein schnöder Gebrauchsgegenstand ist, war 1906 gerade erfunden worden und galt als todschick.

Überhaupt war das Gebäude technisch auf dem neuesten Stand. Zentralheizung und Lüftungssystem, Dampfwäscherei und Flaschenreinigungsanlage, Rohrpost und Haustelefon waren der letzte Schrei. Und Aufzüge! Dass es sogar zwei gibt, ist weniger der Symmetrie zu verdanken als der Politik: „Einer war für den Kaiser aus Wien und einer für den Bürgermeister von Prag“, erklärt die Führerin. Ihm, dem „Primator“, haben Polívka und Balšánek sogar einen eigenen Saal gewidmet. Er liegt in der Mitte des stumpfwinkeligen Gebäudes, sein Balkon bildet das Dach des Eingangs.

Mit dem politisch wichtigsten Raum beauftragten die Architekten den Meister des Jugendstildekors, Alfons Mucha, auch wenn der ein Honorar forderte, das weit über dem seiner Kollegen lag. Mucha war gebürtiger Tscheche, mit seinen Plakaten für Sarah Bernhardt aber in Paris berühmt geworden – so berühmt, dass Art nouveau dort zunächst „Style Mucha“ hieß. Dennoch unterstützte er vehement die nationale Sache. Als Mucha 1909 den Auftrag annahm, hatte er gerade mit seinem „Slawischen Epos“ begonnen, einem Zyklus von 20 mythologischen Bildern auf acht mal sechs Meter großen Leinwänden.

Im Gemeindehaus verwirklichte er eine Art Vorabversion. An der Decke reichen sich slawische Arbeiter die Hände, entlang der Kuppel wachen acht historische Persönlichkeiten. Über den Türen platzierte Mucha symbolistische Gemälde voller kraftstrotzender Jünglinge mit entschlossenem Blick und aufrüttelnden Titeln wie „Gedemütigt und gemartert – verwaiste Heimat, du wirst auferstehen!“

Mucha entwarf in diesem Raum jedes Detail, vom Glasfenster über den Türgriff bis zu den unvermeidlichen Maskaronen. Am schönsten sind die beiden deckenhohen, über und über mit Applikationen, Goldfäden und Glasperlen bestickten Türvorhänge, ein Meisterstück böhmischer Textilkunst.

Ein Gebäude, ein Kunstwerk, eine Galerie: das Gemeindehaus am Platz der Republik

Zu verdanken ist das hohe handwerkliche Niveau jener Zeit zwei Institutionen: Da gab es die 1885 gegründete Kunstgewerbeschule in der Hauptstadt, die in den entscheidenden Jahren von Jan Kotûra geleitet wurde, dem bedeutendsten Prager Jugendstil-Künstler. Zum anderen existierten im ganzen Land Fachschulen für Glas, Keramik, Schmuck, Stein, Möbel oder Textilien, in denen meist Absolventen der Prager Kunstgewerbeschule lehrten. Hochschule und Fachschulen waren Keimzelle und Produktionsstätten des neuen Stils.

Von der Könnerschaft tschechischer Kunsthandwerker zeugen im ganzen Haus die Ziergitter vor den Heizungs- und Lüftungsschächten. Wo heute ein quadratisches Raster ausreicht, blühten vor hundert Jahren Blumen, Pfauen zogen ihren Schweif hinter sich her. Die prachtvollsten Exemplare finden sich im Smetanasaal, dem Herzstück des Gemeindehauses.

Der 1200 Plätze fassende Konzertsaal ist konzipiert als Kathedrale zur Verehrung tschechischer Komponisten. Wie ein Altarbild prangt ein Relief Friedrich Smetanas an der Stirnwand, acht weitere Komponisten fanden Platz entlang der Balkone. Šaloun meißelte, Heiligenfiguren gleich, zwei beliebte Kompositionen in Stein, „Vyšehrad" aus Smetanas Zyklus „Mein Vaterland" und Dvořáks „Slawische Tänze".

Nur sechs Jahre musste das Gemeindehaus als Propagandist der nationalen Sache dienen, dann war es so weit: Die Tschechoslowakische Republik wurde gegründet und das Gemeindehaus war einer der Hauptschauplätze. 1918 forderten die Abgeordneten der tschechischen Länder im Smetanasaal die Selbstständigkeit, noch im gleichen Jahr verkündeten sie dort die ersten Gesetze der neuen Republik. □

Sandra Trauner, *Autorin aus Frankfurt, ist Kennerin des europäischen Jugendstils und seiner vielen Varianten.*

MERIAN | TIPP Jugendstil in Prag

In Prag setzte die Begeisterung für den neuen Stil („Art nouveau") erst ein, als er in anderen Städten bereits in voller Blüte stand oder gar am Verblühen war. Die ältesten Jugenstilhäuser, beide entstanden um 1899, sind das **Peterka-Haus** auf dem Wenzelsplatz und das **„Hotel Central"** zwischen Hauptbahnhof und Pulverturm. Nach der Jahrhundertwende brach in Prag das Jugenstilfieber umso heftiger aus. Glücklicherweise litt die Stadt zeitgleich noch an einer anderen Malaise, dem Bauwahn.
Prag boomte. Die Industrialisierung brachte Zuwanderung und Wohlstand, also Geld und Wohnbedarf. Es entstanden mondäne Hotels wie das **„Europa"** am Wenzelsplatz oder das **„Paris"** direkt neben dem Gemeindehaus. Reihenweise wurden umliegende Dörfer eingemeindet und mit modernen Mietshäusern zugebaut. Die kurze U-Bahn-Fahrt in die Wohngebiete Vinohrady und Žižkov östlich der Altstadt kommt heute einer Zeitreise gleich: Straßenzug um Straßenzug, Giebel an Giebel reiht sich ein Jugendstil-Stadthaus an das andere.
Die Prachtstraßen in der Innenstadt haben eine andere Geschichte: Wo heute die schicke **Pariser Straße** Altstadt und Moldau verbindet, lag einst das Armenhaus der Stadt, das Judenghetto. Die Zustände waren grauenerregend: Zu viele Menschen in zu kleinen Wohnungen, verbaute Gassen, blinde Kanäle und mangelhafte sanitäre Anlagen machten die Gegend zu einer Brutstätte für Krankheiten. Die Lösung des Problems: 1895 wurde der Stadtteil dem Erdboden gleichgemacht und bis 1900 im Jugendstil wieder aufgebaut. Der Jugendstil „bemächtigte sich der Stadt, ganzer Häuserblocks und Straßen und verlieh auf diese Art der Stadt Prag einen echten tschechischen Charakter", konstatieren Marie Vitochová und Jindřich Kejř 1993 in ihrem Buch „Prag und der Jugendstil".

OSCARS AN DER MOLDAU

Text: Gunnar Habitz

Film war immer lebendig in Prag. Aus langer Tradition ist eine Industrie erwachsen, die Stars aus aller Welt anlockt. Aber nicht alles im Kino ist Prag, das meiste ist Studio

Klappe: Triest. Am Hauptbahnhof der norditalienischen Hafenstadt trifft ein Schnellzug ein, den eine schöne Frau im letzten Moment gehetzt betreten wird. Eine Szene aus dem neuen James-Bond-Film „Casino Royale", der 2006 überwiegend in Tschechien aufgenommen wurde. Der Bahnhof von Triest ist in Wahrheit der Hauptbahnhof von Prag, der während der Dreharbeiten bei vollem Betrieb kaum gesperrt, aber mit italienischen Aufschriften behängt wurde.

„Casino Royale" ist der vorläufige Höhepunkt des tschechischen Filmbusiness, das zu einer großen Einnahmequelle herangewachsen ist. Dahinter steckt eine lange Geschichte: die des tschechischen Films und die der Barrandov-Studios.

Seit langem genießen tschechische Regisseure hohes Ansehen und eine beachtliche Erfolgsquote. Drei Filme wurden mit Oscars gekrönt: 1965 „The Shop on Main Street" („Obchod na korze"), 1967 „Closely Watched Trains" („Ostře sledované vlaky") des damals 29-jährigen Jiří Menzel nach dem Drehbuch des Schriftstellers Bohumil Hrabal.

1991 wurde „Elementary School" („Obecná Škola") des jungen Regisseurs Jan Svěrák zum Oscar für den besten ausländischen Film nominiert und 1996 hielt er für „Kolja" endlich die begehrte Trophäe in Händen. Die bittersüße Komödie von dem alternden Musiker und dem russischen Kind in den Wochen vor der „Samtenen Revolution" eroberte die Kinos in mehr als 40 Ländern und wurde oft im Fernsehen wiederholt. Für die Schlussszenen wurde historisches Material von 1989 integriert, als Hunderttausende auf dem Wenzelsplatz standen, viele Aufnahmen wurden in der Altstadt gedreht, das Turmzimmer des Musikers mit Blick auf die Kleinseite allerdings entstand in den Filmstudios.

Die tschechischen Barrandov-Filmstudios wurden 1931 von Václav Havels Vater und Onkel gegründet. Drei Jahre später wurde „Ekstase" von Gustav Machatý auf der Biennale in Venedig ausgezeichnet. **Während des Zweiten Weltkriegs wurden die Studios der Propagandaabteilung des Deutschen Reichs zugeteilt und produzierten heitere Unterhaltungsstreifen mit Heinz Rühmann, Lida Baarová und anderen Volksschauspielern.**

Auch Helmut Käutners „Große Freiheit Nr. 7" wurde zum Teil hier gedreht, weniger um den Nazis zu Willen zu sein, als um ihnen zu entgehen. Käutner, der den Film ursprünglich ohne Hausnummer titeln wollte, gelang es, den Film vollkommen hakenkreuzfrei zu halten. Im Dezember 1944 war Uraufführung in Prag, in Deutschland kam der Film zunächst nicht in die Kinos.

Überraschend erhielt „Große Freiheit Nr. 7" 1945 den Schwedischen Kritikerpreis. Danach gab die Kontrollstelle der Alliierten den Streifen frei. Am 9. September 1945 fand in Berlin die deutsche Erstaufführung statt. Die Geschichte vom unglücklichen Seemann Hannes und seiner ebenso unglücklichen Liebe machte Hans Albers vom Vorkriegs- zum Nachkriegsstar.

Seit der Verstaatlichung 1948 entstanden in den Barrandov-Studios viele der berühmten Märchenfilme und die Studios wurden Heimat so populärer Fernsehserien wie „Pan Tau" oder „Das Krankenhaus am Ende der Stadt", des Vorreiters aller heutigen Arztserien.

In der kurzen Epoche des Prager Frühlings Mitte der Sechziger etablierten sich einige junge Regisseure, die mit ihren neuen Ideen eine „Neue Welle" einleiteten. **Unter ihnen waren auch Milos Forman und Jiří Menzel, die damals in Venedig, Berlin und Hollywood erste Preise einfahren konnten.** Nach dem Einmarsch der Truppen im August 1968 verließen sie ihr Land oder mussten die Branche wechseln. Einzig Milos Forman durfte für sein Mozartepos „Amadeus" (1984) aus dem amerikanischen Exil in die Heimat zurückkehren.

Seitdem und vor allem nach 1989 hat Barrandov die eigene Rolle auf dem internationalen Parkett gefunden, gelten die Studios als eine der besten und preiswertesten Produktionsstätten in Mitteleuropa. Ein lohnendes Geschäft, das allerdings immer mehr mit der Konkurrenz günstigerer Destinationen wie Rumänien leben muss. Doch mit seiner Professionalität, umfangreichen Ausstattung, hohen Trickkünsten und hervorragend ausgebildeten Mitarbeitern hat Barrandov viele Standortvorteile.

Derzeit stehen elf Ateliers mit 9248 m² Innenfläche zur Verfügung, die größte Halle umfasst allein 2000 m². Für die „Gebrüder Grimm" (2005) mit Matt Damon und Heath Ledger wurde hier ein Wald mit über 700 Bäumen aufgebaut, die Freifläche umfasst 25 Hektar. Vor einigen Jahren

Gäste der Barrandov-Studios:
❶ James Bond alias Daniel Craig
❷ Pan Tau, der mit der Melone zaubert
❸ Roman Polanski bei den Aufnahmen zu „Oliver Twist"
❹ Hans Albers und Ilse Werner in „Große Freiheit Nr. 7"

entstand zudem ein vier Meter tiefes Außenbecken mit einer Fläche von 20 mal 10 Metern, das im Winter auf 27 Grad erwärmt werden kann. Es diente unter anderem für eine Szene mit versunkenen U-Bahn-Waggons im Streifen „A Sound Of Thunder" (2002).

Die Außenflächen sind groß genug, um 74 Häuser des alten London inklusive Wasserkanal für „Oliver Twist" von Roman Polanski aufnehmen zu können. In der großen Halle 6 wurde 2005 für „Die Chroniken von Narnia" eine rasante Jagd per Eisscholle auf einem zugeschneiten See realisiert. Bis anderthalb Meter Höhe erreichten die Wellen im 30 mal 10 Meter großen Kunstbecken.

Der Requisitenbestand von Barrandov umfasst unter anderem 122 Pferdekutschen, 118 Armeefahrzeuge, 9000 Rüstungen, 7000 historische Waffen, 2500 Sättel mit Pferdegeschirr, 8500 Möbelstücke verschiedenster Stile, 240000 Kostüme aller Epochen, 20000 Paar Schuhe und 9000 Perücken. Was fehlt, wird nachgebaut, wie etwa das Wachsfiguren-Kabinett der Madame Tussaud und der Turm des Londoner Parlamentsgebäudes mit dem Big Ben für den in London spielenden Film „Shanghai Knights" (2003) mit Jackie Chan.

Wer die Filmstudios besichtigen möchte, steht leider vor verschlossenen Toren. Die Studios sind so beschäftigt, dass es weder einen Stab für Besucherverkehr gibt noch Trassen, auf denen Gäste durch die Anlage geleitet werden können.

Somit bleibt es beim virtuellen Besuch auf **www.barrandov.cz.** □

MERIAN VON A–Z ZUM BESTELLEN

- **Ä**gypten
- Amsterdam
- Andalusien
- Athen
- Australien

- **B**aden-Württemberg*
- Bali

- Baltikum
- Barcelona
- Berlin
- Bonn*
- Brasilien
- Budapest
- Burma

- **C**hicago
- Côte d'Azur
- Chile und Patagonien
- China: Peking und der Norden

- **D**eutschland*
- Dominikanische Republik
- Dresden
- Dubai

- **E**lsass
- Essen*
- Emilia-Romagna

- **F**lorenz
- Florida
- Frankfurt
- Französische Atlantikküste

- **G**ardasee und Oberitalien
- Große Ferien*
- Griechenland*

- **H**amburg
- Harz
- Hongkong

- **I**rland
- Island

- Istanbul
- Italien**

- **J**apan
- Jerusalem

- **K**alifornien
- Kanalinseln
- Kanar. Inseln
- Karlsruhe*
- Köln
- Kopenhagen

- Krakau
- Kreta
- Kroatien
- Kuba

- **L**eipzig
- Ligurien
- Lissabon
- Die Loire
- London

- **M**adrid
- Mallorca
- Marokko
- Masuren
- Mauritius und Réunion
- Malta
- Meckl. Vorp.
- Mexiko

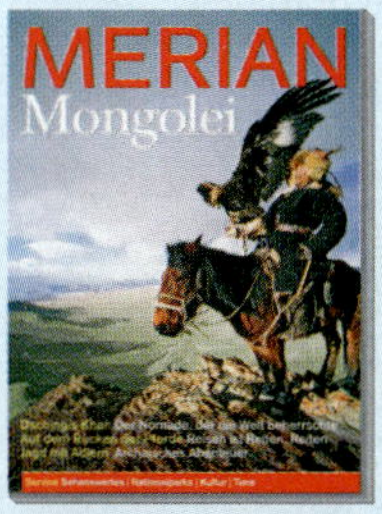

- Mongolei
- Moskau
- MS Europa*

- München
- **N**amibia
- Neapel und die Amalfiküste
- Neuseeland
- New York
- Wasserreich Niedersachsen*

- **O**berbayern
- Osnabrück und Osnabrücker Land*

- **P**aris
- Piemont / Turin
- Portugal
- Prag
- Provence

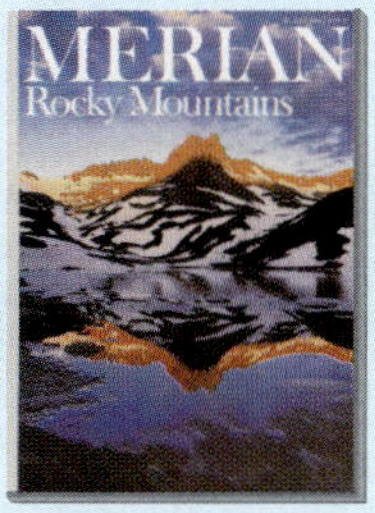

- **R**ocky Mountains
- Rom
- Das neue Ruhrgebiet*

- **S**alzburg und das Salzburger Land
- Sardinien
- Schottland
- Schweden
- Schweiz
- Shanghai
- Sizilien
- Slowenien
- Spaniens Norden
- St. Petersburg
- Steiermark
- Südafrika
- Südtirol
- Sylt
- Syrien·Libanon

- **T**essin
- Thailand
- Thüringen
- Tirol
- Toskana
- Türkische Südküste
- Traumstraßen*

- **U**mbrien und die Marken
- USA: Der Süden

- **V**enedig
- Vietnam – Laos – Kambodscha

- **W**eimar
- Autostadt Wolfsburg*

- **Z**ürich
- Zypern

ERIAN Ausgaben erhalten Sie für 7,50 Euro, die MERAIN Extra-Ausgaben für * 5,– bzw. ** 7,50 Euro

IERIAN ist das Synonym für Reisen und Kultur auf höchstem iveau. Wertvolle Tipps und detailgetreue Kartographie er-ichtern Ihre Reiseplanung und geben neue Ideen und Ziele.

lutzen Sie auch den bequemen Bestellservice nter Telefon 040/87973540 oder www.merian.de/shop

MERIAN
Die Lust am Reisen

Bildnachweis

Anordnung im Layout: o = oben, u = unten, r = rechts, l = links m = Mitte. Titel: Tobias Gerber; S. 3 ol Michael Müller, or Peter Hirth, m Karlheinz Schindler/picture alliance/ZB, u T. Gerber; S. 4/5 o Peter Hirth; S. 4m Gregor Lengler, u ullstein bild; S. 5 mr P. Hirth, ml Václav Jírasek/Václav Šedý, u J. Rötzsch; S. 6/7 o Erich Lessing/akg-images/VG Bildkunst, Bonn 2006; S. 6 m Thomas Härtrich/Transit, u ullstein bild; S. 7 o Eddie Gerald/Rough Guides/dk images, m Topical Press Agency/Getty Images; S. 8 ol Stefan Tyszko/Getty Images, or T. Gerber, ul P. Hirth, ur akg-images, S. 10 o Sam/St. Pauli Skinheads, u P. Hirth; S. 14/15 P. Hirth; S. 16-19 T. Gerber; S. 20 G. Lengler; S. 21 T. Gerber; S. 22/23 G. Lengler; S. 24-31 T. Gerber; S. 33 l J. Rötzsch/Ostkreuz, r Pawel Wysocki/Hemispheres; S. 34-39 l J. Rötzsch; S. 39 r Marta Myšková/CTK; S. 40-43 J. Rötzsch; S. 44-45 P. Hirth; S. 46/47 G. Lengler; S. 48 P. Hirth; S. 49-55 G. Lengler; S. 57 l ullstein/Granger Collection/New York, ml ullstein bild, mr ullstein bild, r Scherl/SV-Bilderdienst; S. 58 l ullstein bild, m ullstein imago, r Gerd Engelsmann/Berliner Zeitung; S. 60 P. Hirth; S. 62 Hintergrund: T. Gerber, Vordergrund: P. Hirth; S. 64 picture alliance/akg-images; S. 66-81 P. Hirth; S. 84 Václav Jirásek; S. 85 Václav Jirásek/Václav Šedý; S. 86 Václav Šedý; S. 87-89 Václav Jirásek/Václav Šedý; S. 90/91 Václav Šedý; S. 92 l Václav Jirásek; S. 92 m + r Václav Šedý; S. 93 l Václav Jirásek; S. 93 m Václav Šedý; S. 93 r Václav Jirásek; S. 94 Václav Šedý; S. 97 or Greg Williams/2005 Sony Pictures Releasing GmbH; ol, m, u CINETEXT; S. 101 T. Gerber; S. 102/103 o Dorling Kindersley; u T. Gerber; S. 104 Gunnar Habitz; S. 104-106 T. Gerber; S. 106/107 Claudio Hills/Ag. Focus, S. 107 T. Gerber; S. 108 l Christoph v. Hausen/artur; r T. Gerber; S. 110 P. Hirth; S. 111 ul Thomas Härtrich/Transit, mr PR; S. 112 o T. Gerber, u J. Rötzsch; S. 113 o PR, u FoodPhotogr. Eising/StockFood; S. 114/115 T. Gerber; S. 116 Ingolf Pompe/Look; S. 116/117 Pavel Dosoudil/Spectrum Pictures/laif; S. 118 l PR; r S. 119 UT. Gerber; S. 119 o Michal Cizek/AFP/GettyImages; S. 120 l vario-images/Profimedia; S. 120 r 122 T. Härtrich/Transit; S. 126 ullstein-keystone; S. 127 Planetobserver.com M-sat; S. 129 o akg-images, u T. Gerber; S. 130 o,m,u Heiko Meyer

Goldene Stadt, goldene Stimmung über Moldau und Hradschin. Tobias Gerber fotografierte das Titelbild dieses Heftes

MERIAN

Heft 8/2006, August, Erstverkaufstag dieser Ausgabe ist der 27. 07. 2006
MERIAN erscheint monatlich im Jahreszeiten Verlag GmbH, Poßmoorweg 5, 22301 Hamburg
Tel. 040/27 17-26 00, Fax 040/27 17-26 28 **Anschrift der Redaktion:** Poßmoorweg 2, 22301 Hamburg
Postfach 130444, 20139 Hamburg, E-Mail: Redaktion@Merian.de, Tel. 040/27 17-0
Website: www.merian.de **Leserservice:** Postfach 601220, 22212 Hamburg
Tel. 040/87 97 35 40, Fax 040/27 17-20 79 **Syndication:** www.jalag-syndication.de
GourmetPictureGuide: Stefanie Lüken, Tel. 040/271 720 02, Fax 040/27 17 20 89, www.gourmetpictureguide.de

Herausgeber: Manfred Bissinger
Chefredakteur: Andreas Hallaschka
Art Directorin: Sabine Lehmann **Chefs vom Dienst:** Tibor M. Ridegh, Klaus Kube (freie Mitarbeit),
Frauke Meyer (freie Mitarbeit) **Redakteure:** Roland Benn (freie Mitarbeit), Anja Haegele (freie Mitarbeit),
Thorsten Kolle (freie Mitarbeit), Kathrin Sander, Charlotte von Saurma
Schlussredaktion: Tibor M. Ridegh, Jasmin Wolf
Layout: Beke Jürgensen, Ingrid Koltermann, Dorothee Schweizer (stellv. Art Directorin)
Bildredaktion: Hanni Rapp, Eva M. Ohms, Lars Lindemann (freie Mitarbeit)
Redakteur dieses Heftes: Roland Benn **Bildredakteur dieses Heftes:** Lars Lindemann (freie Mitarbeit)
Kartographie: Peter Münch **Dokumentation:** Jasmin Wolf,
Sebastian Schulin (freie Mitarbeit), Andrea Wolf (freie Mitarbeit)
Mitarbeit: Helmut Golinger, Corinna Lücke **Herstellung:** Karin Harder
Redaktionsassistenz: Sabine Birnbach, Katrin Eggers
Geschäftsführung Premium Magazine: Peter Rensmann **Verlagsleitung Premium Magazine:** Oliver Voß
Group Head Anzeigen Premium Magazine: Roberto Sprengel **Anzeigenleitung:** Christel Janßen
Anzeigenstruktur: Patricia Hoffnauer **Marketing:** Kenny Machaczek, Ulrich Rieger, Sonja Wünkhaus
Vertriebsleitung: Jörg-Michael Westerkamp (Zeitschriftenhandel), Uwe Distelrath (Buchhandel)
Verantwortlich für den redaktionellen Inhalt: Andreas Hallaschka
Verantwortlich für Anzeigen: Roberto Sprengel
Verlagsbüros Inland:
Hamburg: Tel. 040/27 17-25 95, Fax -25 20, E-Mail: vb-hamburg@jalag.de
Berlin: Tel. 030/80 96 23-60, Fax -70, E-Mail: vb-berlin@jalag.de
Hannover: Tel. 0511/85 61 42-0, Fax -19, E-Mail: vb-hannover@jalag.de
Düsseldorf: Tel. 0211/901 90-0, Fax -19, E-Mail: vb-duesseldorf@jalag.de
Frankfurt: Tel. 069/97 06 11-0, Fax -44, E-Mail: vb-frankfurt@jalag.de
Stuttgart: Tel. 0711/966 66-520, Fax -22, E-Mail: vb-stuttgart@jalag.de
München: Tel. 089/99 73 89-30, Fax -44, E-Mail: vb-muenchen@jalag.de

Repräsentanzen Ausland:
Basel: Intermag AG, Tel. +4161/275 46-09, Fax -10, E-Mail: info@intermag.ch
London: The Powers Turner Group, Tel. +44 20/7630 99 66 Fax 76 30 99 22, E-Mail: cweiss@publicitas.com
Mailand: Media & Service International Srl, Tel. +39 02/48 00 61 93, Fax 48 19 32 74, E-Mail: info@it-mediaservice.
Paris: International Magazine Company, Tel. +331/53 64 88 91, Fax 45 00 25 81, E-Mail: imc@international.fr
Madrid: Alcála Media International Media Representation, Tel. +34 91/326 91 06, Fax -07, E-Mail: alcalamedia@retem
Wien: Publimedia Internationale Verlagsvertretungen GmbH, Tel. +43 1/21530, Fax 2121602,
E-Mail: ppn-vienna@publicitas.com
New York: The Russell Group Ltd., Tel. +12 12/213 11-55, Fax -60, E-Mail: info@russellgroupltd.com

Die Premium Magazin Gruppe im Jahreszeiten Verlag

A&W Architektur & Wohnen COUNTRY DER FEINSCHMECKER WEIN Gourmet MERIAN

Gültige Anzeigenpreisliste: Nr. 38
Das vorliegende Heft August 2006 ist die 8. Nummer des 59. Jahrgangs.

Preis im Abonnement im Inland monatlich 6,37 € inklusive Zustellung frei Haus. Der Bezugspreis enthält 7 % Mehrwertsteue Auslandspreise auf Nachfrage. Postgirokonto Hamburg 132 58 42 01 (BLZ 200 100 20)
Commerzbank AG, Hamburg, Konto-Nr. 611657800 (BLZ 200 400 00)
Führen in Lesemappen nur mit Genehmigung des Verlages. Printed in Germany

Weitere Titel im Jahreszeiten Verlag: Für Sie, petra, vital, PRINZ, A&W Architektur & Wohnen, COUNTRY, DER FEINSCHMECKER, WEINGourmet, schöner reisen, ZUHAUSE WOHNEN, selber machen
Litho: Alphabeta Druckformdienst GmbH, Hamburg. Druck und Verarbeitung: heckel GmbH, Nürnberg,
ISBN: 3-8342-0608-3, ISSN 0026-0029 MERIAN (USPS No. 011-458) is published monthly. The subscription pric the USA is $ 110 per annum. K.O.P.: German Language Publications, Inc., 153 South Dean Street, Englewood NJ 07 Periodicals postage is paid at Englewood NJ 07631, and at additional mailing offices. Postmaster: send address changes to: MERIAN, German Language Publications, Inc. 153 South Dean Street, Englewood NJ 07631.

JAHRES ZEITEN VERLAG

Ein Unternehmen der
GANSKE VERLAGSGRUPPE

MERIAN

TEXTE **Gunnar Habitz** | REDAKTIONSSCHLUSS **Juni 2006**

Top Tipps

Das sollten Sie auf keinen Fall versäumen!

1. Karlsbrücke Tagsüber ist sie einfach zu voll. Fast leer und von geheimnisvoller Stimmung ist die Brücke am ganz frühen Morgen.

2. Prager Burg Die riesige Burganlage hingegen zeigt ihren Zauber erst am Abend, wenn sie majestätisch illuminiert Prag überstrahlt. Dann hat man die Häuser und Höfe für sich.

3. Gemeindehaus Höhepunkt des Prager Jugendstils und nationale Manifestation. Und außerdem ein hinreißendes Kaffeehaus, mehrere Restaurants sowie regelmäßige Konzerte.

4. Kampainsel Die verträumte Halbinsel unterhalb der Karlsbrücke lockt mit kleinen Restaurants und einem Park mit toller Aussicht. Mit kleinen Booten kann man hier Prag von unten erleben.

5. Alter Jüdischer Friedhof Eine der größten und bedeutendsten jüdischen Gedenkstätten. Berühmt ist das Grabmal des Rabbi Löw, weiser Lehrer und legendärer Erschaffer des Golems.

Viele Brücken führen über die Moldau, die zweite auf diesem Bild, die Karlsbrücke, war für Jahrhunderte die einzige

MERIAN | STANDORTBESTIMMUNG

Hoch über Prag

Von fast jeder Stelle der Stadt sichtbar, ist die Burg auf dem Hradschin das eigentliche Wahrzeichen Prags

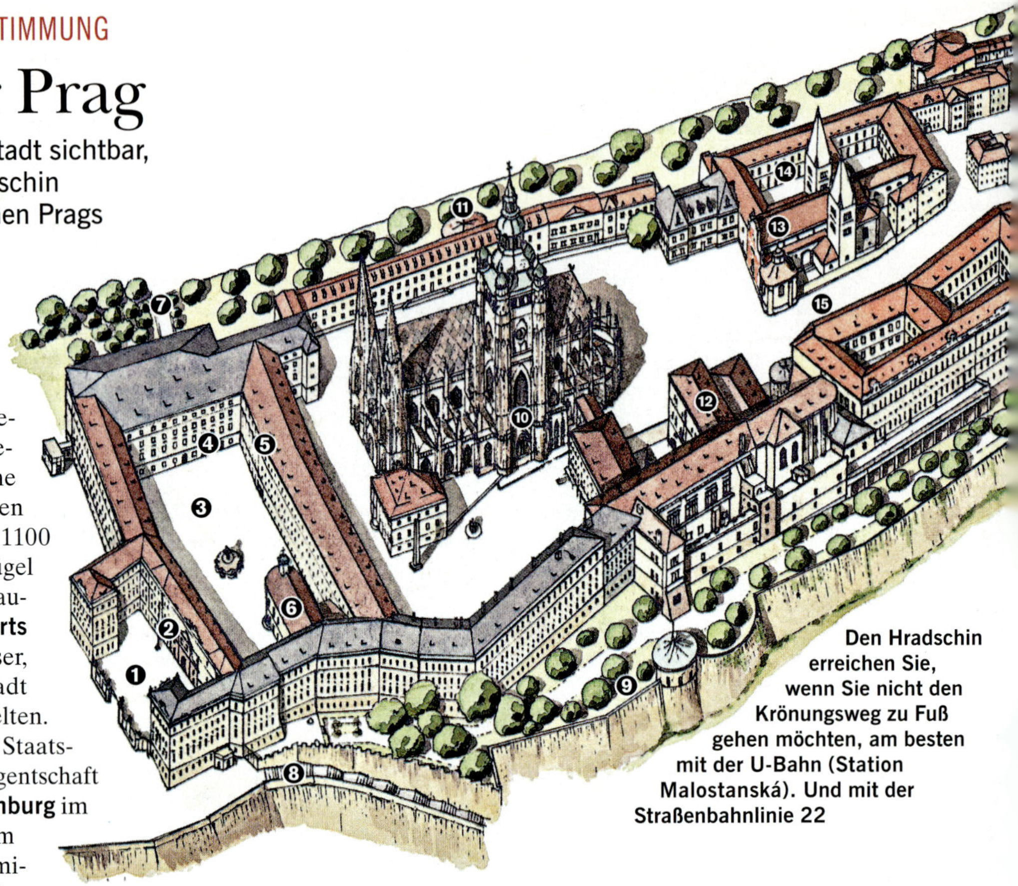

Den Hradschin erreichen Sie, wenn Sie nicht den Krönungsweg zu Fuß gehen möchten, am besten mit der U-Bahn (Station Malostanská). Und mit der Straßenbahnlinie 22

Die **Prager Burg** wird besonders im deutschen Sprachgebrauch häufig **Hradschin** genannt, wobei die tschechische Bezeichnung Hradčany für den gesamten Stadtteil steht. Die 1100 Jahre alte Anlage auf dem Hügel Hradschin diente seit der Erbauung Ende des **9. Jahrhunderts** als Sitz der Könige und Kaiser, die nur selten in der Altstadt oder auf dem Vyšehrad siedelten. Seit **1918** ist sie Amtssitz der Staatspräsidenten. Während der Regentschaft von **Kaiser Karl IV. von Luxemburg** im **14. Jahrhundert** wurde sie zum Zentrum des Heiligen Römischen Reiches Deutscher Nationen. Die Burganlage wurde mehrfach erweitert und umgebaut, daher zeichnet sie sich nicht durch Stilreinheit aus. Die Burgzinnen und Befestigungen wurden inzwischen mit wenigen Ausnahmen abgerissen. Die Repräsentationsräume sind nur zweimal im Jahr öffentlich zugänglich, und zwar in der Regel am Samstag nach den Feiertagen **8. Mai** und **28. Oktober.** Im **ersten Burghof** wird **täglich um 12 Uhr** die große Wachablösung eingeläutet. Die Präsidenträume liegen im zweiten Burghof rechts, bei gehisster Fahne befindet er sich im Lande. Von April bis Oktober locken die Gärten und Wallanlagen rund um das Areal. Die Anlage ist in dieser Zeit von 5 bis 24 Uhr geöffnet, von November bis März von 6 bis 23 Uhr.

Informationszentrum im dritten Burghof: Tel. 224 37 33 68
www.hrad.cz *April-Okt. tgl. 9-17, Nov.-März 9-16 Uhr; kombinierte Zwei-Tages-Tickets für die meisten Sehenswürdigkeiten der Prager Burg werden vorn links im Dom ab 220 Kč verkauft*

❶ Erster Burghof
❷ Matthiastor (1614)
❸ Zweiter Burghof
❹ Gemäldegalerie Renaissance- und Barockkunst in den einstigen Stallanlagen.
❺ Präsidentenbüro Seit 1918 Sitz der Präsidenten der Tschechoslowakei bzw. Tschechiens.
❻ Heilig-Kreuz-Kapelle 1756-1763, seit 1961 Schatzkammer des Veits-Domes.
❼ Weg zum Königsgarten und dem Lustschloss Belvedere.
❽ Neue Schlossstiege Stufen zur Kleinseite.
❾ Die südlichen Gärten Die Anlage aus dem 16. Jh. mit Statuen aus dem 18. zieht sich über die ganze Front der Burg hin.
❿ St.-Veits-Dom (Katedrála sv. Víta) In der Krönungskirche der böhmischen Könige liegen vier Kaiser bestattet: Karl IV. von Luxemburg, Ferdinand I., Rudolf II. von Habsburg und Maximilian II. In der schönsten Kapelle ruht der hl. Wenzel, nicht weit von ihm in einer Silbergruft der Brückenpatron Johannes von Nepomuk. Die Architekten Matthias von Arras und Peter Parler vollendeten 1399 nach 55 Jahren den gotischen Teil der Kathedrale. Durch den Anbau der neogotischen Hälfte 1929 ist sie mit 124 m Länge, 33 m Höhe und 60 m im Querschnitt eine der größten Kirchen des Landes.
Der gotische Teil samt königlicher Gruft ist gegen Eintritt zu besichtigen. April-Oktober 9-17, November-März 9-16 Uhr, Eintritt bis zur Mitte der Kirche gratis. Dort steht die Kasse.
⓫ Pulverturm von 1496 war Munitionslager und Büchsenmacherei, um 1600 alchimistisches Labor und später Messnerwohnung. *April-Oktober 9-17, November-März 9-16 Uhr*
⓬ Königspalast Der Alte Königspalast im dritten Burghof entstand im 15. Jh. als Sitz des Herrschers und der höchsten Landesbeamten. Beeindruckend ist der ohne Säulen gestaltete Wladislawsaal, der unter anderem für Ritterturniere gebaut wurde und heute den Wahlen zum Präsidentenamt dient. In der Hofkanzlei im Ludwigsflügel warfen die tschechischen Stände am 23. Mai 1618 zwei Statthalter und deren Schreiber aus dem Fenster und lösten damit den Dreißigjährigen Krieg aus.
April-Oktober tgl. 9-17, November-März 9-16 Uhr; mit Kombiticket der Prager Burg.
⓭ St.-Georgs-Basilika (Bazilika sv. Jiří) Die zweitälteste Kirche in Prag wurde 920 von Fürst Vratislav I. gegründet, der gemeinsam mit weiteren Herrschern aus der Přemysliden-Dynastie hier bestattet wurde. Die Fassade der eigentlich romanischen Basilika wurde barockisiert. Das links daneben liegende Benediktinerinnenkloster beherbergt eine dauerhafte Exposition der Nationalgalerie mit der tschechischen manierischen und barocken Kunst.
Kirche: *April-Okt. tgl. 9-17 Uhr, Nov.-März 9-16 Uhr; 50 Kč bzw. mit Kombiticket der Prager Burg* **Kloster:** *Di-So 10-18 Uhr; 100 Kč*
⓮ St.-Georgs-Kloster Das älteste Kloster Böhmens wurde 973 von Boleslav II. gestiftet. Seit der 1974 abgeschlossenen Restaurierung hat die Sammlung böhmischer Barock-Kunst der Nationalgalerie hier eine Heimat.
Di-So 10-18 Uhr
⓯ Dritter Burghof
⓰ Goldenes Gässchen Durch Bebauung einer Wehrmauer entstand die berühmteste Gasse von Prag. Der Legende nach siedelten hier zu Zeiten von Rudolf II. die Alchimisten, die für ihn Gold herstellen sollten. Tatsächlich war die Gasse die Heimat der ärmsten Einwohner. Franz Kafka wohnte 1916/17 im blauen Haus mit der Nummer 22. Das pittoreske Gässlein besteht heute fast ausschließlich aus niedlichen Souvenirgeschäften. *50 Kč bzw. mit Kombiticket der Prager Burg.*
⓱ Dalibor-Turm Teil der Befestigungsanlagen aus dem 15. Jh., bis 1781 Gefängniis. Der erste Insasse war Ritter Dalibor von Kosejedy, der im tiefen Verlies Geige spielen lernte. Zum Dank dafür fütterten ihn die musikbegeisterten Prager durch und Smetana vertonte das Leben des Gefangenen als Oper.
Besichtigung nur auf Anfrage.
⓲ Palais Lobkowitz von 1541, mit einigen erhaltenen Original-Sgraffitos. Das hier beheimatete Nationalmuseum zeigt Exponate zur tschechischen Geschichte von der ersten Besiedlung bis zur Revolution 1848.
Di-So 9-17 Uhr
⓳ Alte Schlossstiege Die alten Burgstufen führen zur U-Bahn-Station Malostranská.

MERIAN | DER BLICK NACH UNTEN

Pflastertreter

Kleine Kunstwerke unter den Füßen

Auch wenn viele Besucher glauben, über uraltes Pflaster zu gehen: Die von vielen Prag-Liebhabern geschätzten Pflastermosaiken wurden erst in der zweiten Hälfte des 19. Jahrhunderts angelegt. Die Idee entstand aus einem Irrtum: Damals wurde für die Prager Wasserleitung tonnenweise roter Marmor bestellt. Als dieser sich als untauglich erwies, kamen schlaue Baumeister auf die Idee, ihn in kleine Würfel zu zerteilen. Die ließen sich mit weißem und schwarzem Marmor wunderbar kombinieren. Die Würfelchen ersetzten nach und nach die alten Pflasterungen aus gelb-braunen und rötlichen, oben leicht abgerundeten Kieselsteinen – die eigentlichen Katzenköpfe. Weil diese mit der Zeit glatt wurden, waren sie bei Nässe gefährlich glitschig. In den letzten Jahren begann die Rekonstruktion der Mosaiken. Man verwendet wie im 19. Jahrhundert rötlichen Marmor und kombiniert ihn mit weißen oder grauen Steinen. Ein hübsches Beispiel ist die Erneuerung des schwarz-weißen Gehsteigmosaiks am **Kleinseitner Ring (G 3)**. In neuester Zeit werden neben den Trottoirs auch die Straßen selbst wieder mit Kopfsteinpflaster versehen. Zum Beispiel in der **Vodičkova (K 4)** kurz vor dem Wenzelsplatz und in der **Michalská (K 3)** neben der Melantrichova.

Wird mit Füßen getreten, aber geschätzt: Prager Wegpflaster

Die Muster sind den historischen Vorbildern nachempfunden, auch die Maßstäbe und Proportionen wurden festgelegt. Am häufigsten findet die so genannte „Dame“ Anwendung, ein simples Wechseln von hell und dunkel wie beim Brettspiel. Oft trifft man auch auf die „Siebziger-Form“, sie erinnert an Kassettendecken alter Schlösser. Und natürlich zieren auch feine Hotels und Geschäfte ihr Entrée mit einem Steinmuster. Eines der bekanntesten und am meisten betretenen sind zweifelsohne die 27 Kreuze und das Datum der am 21. Juni 1621 hingerichteten böhmischen Herren am **Altstädter Rathaus (K 3)**.

PLÄTZE DER STADT

(K 3) Staroměstské náměstí (Altstädter Ring)
Vielen gilt der „Staromák“ als schönster Platz in Prag, der von Bürgerhäusern mit herrlichen Fassaden, dem Rathaus sowie der Nikolaus- und Teynkirche (siehe Kirchen) gesäumt wird. Seit 1915 bestimmt die Statue des Reformators Jan Hus die Mitte des Platzes, der 500 Jahre zuvor auf dem Scheiterhaufen in Konstanz verbrannt wurde. In dem links der Teynkirche gelegenen spätbarocken Goltz-Kinsky-Palast wurde 1843 die erste Friedensnobelpreisträgerin Bertha von Suttner-Kinsky geboren, hier besuchte Franz Kafka das deutsche Gymnasium. Der Palast beherbergt einen Teil der Nationalgalerie mit Gemälden der tschechischen Naturlandschaften (siehe Museen).

(K 3) Staroměstská radnice a orloj (Altstädter Rathaus und Astronomische Uhr)
Das gotische Rathaus entstand im Jahre 1338 als Sitz der Selbstverwaltung der Altstadt. Mit wachsendem politischen Einfluss wurden fünf weitere Gebäude angeschlossen, von denen besonders das **„Haus zur Minute“** ganz links vom Rathaus wegen seiner Sgraffito-Fassade auffällt. Durch die Zusammenlegung der historischen Prager Städte im Jahre 1784 wurde das Rathaus zum Sitz des Magistrats, der heute am Marienplatz ansässig ist. Der neogotische Ostflügel mit dem Stadtarchiv wurde am 8. Mai 1945 zerstört. Der 69 Meter hohe Turm kann bestiegen werden, auch ein Fahrstuhl führt nach oben. Hauptattraktion am Rathausturm ist die **Astronomische Uhr**, von den Einheimischen „Orloj“ genannt. Zu jeder vollen Stunde ziehen die zwölf Apostel an den beiden blauen Fenstern vorüber, bevor die Parade durch einen Hahnenschrei und das Schlagen der Uhr beendet wird. Dieses Schauspiel zieht

Die Pietá auf der Karlsbrücke: Ema

stündlich Hunderte von Schaulustigen an. Die Astronomische Uhr besteht aus zwei Scheiben. Das obere Horologium wurde 1410 konstruiert und zeigt die Position des Mondes mit der Entfernung von Erde und Sonne. Die Stellung der Himmelskörper mit Bezug auf Prag ist zu erkennen und die Uhrzeit im 24-Stunden-Format. Darunter wurde 1865 das Kalendarium mit den Tierkreiszeichen als zweite Scheibe angebracht. **Staroměstské náměstí 3 (Altstadt).** Im Rathaus befindet sich ein Infozentrum mit Verkauf von Eintrittskarten für kulturelle Ereignisse.
April-Okt. Mo 11-18, Di-So 9-18, Nov.-März Mo 11-17, Di-So 9-17 Uhr; Turm: 50 Kč

(K 3) Týn (Teynhof)
Der hinter dem Altstädter Ring liegende Teynhof wird häufig „Ungelt“ genannt, da die fahrenden Händler dort einst eine Gebühr zahlen mussten, bevor sie ihre Waren zum Verkauf auf den Ring bringen durften. Inzwischen ist der Teynhof ein gemütliches Plätzchen zum Ausruhen nach dem Altstadt-Spaziergang.

Die großen Lettern (K 3) in den Texten verweisen au
die Planquadrate der MERIAN-Karte auf S. 12

schuf sie 1859, an ihrer Stelle stand zuvor eine Skulptur von 1695

(H 3) **Karlův most (Karlsbrücke)**
Kaiser Karl IV. beauftragte Peter Parler mit dem Bau der Brücke aus Sandsteinquadern. 1357 war Grundsteinlegung. Die 516 m lange und fast 10 m breite ehemalige „Steinerne Brücke" wird von 16 Pfeilern gestützt, auf denen 31 Statuen für das heutige Erscheinungsbild sorgen. Bis 1842 war sie die einzige Brücke über die Moldau. Zwei Pfeiler der Karlsbrücke sind 1890 eingestürzt, seitdem wurde die Brücke fest im felsigen Boden verankert. Im Jahre 1391 wurde der Altstädter Brückenturm ebenfalls von Peter Parler begonnen und gilt als einer der schönsten gotischen Türme Mitteleuropas, übrigens mit herrlicher Aussicht. Auf dem Kleinseitner Ufer der Karlsbrücke stehen gleich zwei Türme, der höhere kann bestiegen werden.

(G 3) **Malostranské náměstí (Kleinseitner Ring)**
Im Gegensatz zum Altstädter Ring ist der Kleinseitner ein wirklicher Ring, denn in der Mitte steht die prächtige Barockkirche des heiligen Nikolaus. Die meisten frisch renovierten Bauten am nördlichen Teil des Kleinseitner Rings gehören zum Senat. Das orangefarbene Gebäude diente bis zur Zusammenlegung der vier Prager Städte 1784 als Rathaus der selbstständigen Kleinseite. In den Ring münden zwei touristische Hauptschlagadern: die Mostecká als Verlängerung der Karlsbrücke sowie die Nerudova als Nabelschnur der Kleinseite. Die ganze Trasse vom Pulverturm aus über den Kleinseitner Ring zur Prager Burg heißt Krönungsweg.

(K/L 4) **Václavské náměstí (Wenzelsplatz)**
Im 14. Jh. als Rossmarkt gegründet, wurde dieser Boulevard mit 750 m Länge und 60 m Breite vor allem wegen politischer Ereignisse bekannt. Der „Václavák" war Zeuge der Ankunft der russischen und ostdeutschen Panzer im August 1968, ein halbes Jahr später verbrannte sich der Student Jan Palach aus Protest gegen Unterdrückung in der Nähe des Wenzelsdenkmals. Auch die Ansprachen des Dichters

VON TURM ZU TURM: KARLSBRÜCKE

300 Jahre lang war die Karlsbrücke ein schlichtes, aber wuchtiges Bauwerk und bis 1842 die einzige Prager Brücke über die Moldau. Erst 1683 begann mit Nepomuk der Reigen der Heiligen

Turm der Judithbrücke 1188	**Kleinseitner Brückenturm** 1464
Hl. Wenzel 1858	**Christus zwischen Hll. Cosmas und Damian** 1709
Hll. Johannes v. Matha, Felix v. Valois und Iwan 1714	**Hl. Veit** 1714
Hl. Adalbert 1709 Kopie von 1973	**Hl. Philippus Benitius** 1714
Hl. Luitgard mit dem Gekreuzigten 1710	**Hl. Kajetan** 1709
Treppe zur Halbinsel Kampa ←	
Hl. Nikolaus von Tolentino 1708 (Kopie von 1969)	**Hl. Augustinus** 1708 (Kopie von 1974)
Hll. Vinzenz Ferrer u. Prokop 1712 Auf d. Brückenpfeiler: **Roland (Bruncvík)** 16. Jh. (Kopie von 1884)	**Hl. Judas Thaddäus** 1708
Hl. Franz von Assisi mit 2 Engeln (Franziskus Seraphicus) 1855	**Hl. Antonius von Padua** 1707
Hll. Ludmilla und Wenzel 1720	**Hl. Johannes von Nepomuk** 1683
Hl. Franz von Borgia 1710	**Hll. Wenzel, Norbert u. Sigismund** 1853
Hl. Christophorus 1857	**Hl. Johannes der Täufer** 1857
Hl. Franz Xaver 1711 (Kopie von 1913)	**Hll. Kyrill und Method** 1938
Hl. Josef mit Jesus 1854	**Hl. Anna Selbdritt mit Jesuskind** 1707
Pietà 1859	**Kreuzigungsgruppe** Kruzifix 1629 Figuren von 1861
Hll. Barbara, Margarete und Elisabeth 1707	**Madonna mit Hll. Dominikus und Thomas von Aquin** 1708 (Kopie von 1961)
Hl. Ivo 1711 (Kopie von 1908)	**Madonna und Hll. Bernhard von Clairvaux** 1709, Kopie
Altstädter Brückenturm um 1400	

MERIAN | ARCHITEKTUR

Prager Baumeister

... und ihre Gebäude: von Gotik bis Kubismus

Einer der ersten bedeutenden Baumeister Prags war **Peter Parler** (1330-99), der einer Bildhauerfamilie aus Schwäbisch Gmünd entstammte. Kaiser Karl IV. beauftragte ihn nach dem Tod von Matthias von Arras mit der Fertigstellung des **Veitsdoms (F 2)** auf der Prager Burg. Später baute Parler die **Karlsbrücke (H 3)**, in deren Mörtel er – einem Aberglauben folgend – Milch, Eier, Quark und Käse anrühren ließ, damit sie nicht einstürze wie ihre Vorgängerin. Er schuf auch den **Altstädter Brückenturm (H/I 3)**, einen der schönsten gotischen Türme Europas.
Nach der Renaissance mit italienischen Baumeistern kam **Christoph Dientzenhofer** (1655-1722) aus Bayern nach Prag und errichtete unter anderem das **Loreta-Heiligtum (E 2)**, das Kloster Břevnov und weitere sakrale Bauten. Mit seinem in Prag geborenen Sohn Kilian Ignaz (1689-1751) schuf er die **St.-Niklas-Kirche (G 3)** auf der Kleinseite, der Junior errichtete die heute als **Dvořák-museum (L 6)** genutzte Villa Amerika und die **St.-Niklas-Kirche (K 3)** in der Altstadt.

Barock von Dientzenhofer: das Loreta-Heiligtum

Der Prager Jugendstil wurde von Architekten wie den Gemeindehaus-Schöpfern **Antonín Balšánek** und **Osvald Polívka** beeinflusst. Weniger im Rampenlicht stehen die Bauten aus der ersten Hälfte des 20. Jahrhunderts, die auf einzelne Baumeister zurückgehen. **Jan Kotěra** (1871-1923) gilt als Begründer des modernen Funktionalismus in Tschechien. Er schuf mit viel Gefühl für Raum und Material eine Reihe von Villen, Geschäftshäuser sowie die juristische Fakultät der Universität. Sein Schüler **Josef Gočár** (1880-1945) entwickelte den Kubismus mit, die Prager Antwort auf Art Déco. Dieser auch im Interieur angewandte Stil ist durch geometrische Fassaden mit systematisch angeordneten Flächen charakterisiert. Bekanntestes Beispiel ist das **Haus zur Schwarzen Muttergottes** an der Ecke Celetná und Ovocný trh, Sitz des **Kubismusmuseums (K/L 3)** sowie des einzigen kubistischen Cafés der Welt.

280 000 Bände und draußen eine legendäre Kneipe: der Philosophis

und späteren Präsidenten Václav Havel während der „Samtenen Revolution" 1989 fanden am Wenzelsplatz statt. Die meistfotografierten Gebäude sind das im Jugendstil gestaltete **Grand Hotel Evropa** (Hausnummer 25) sowie das Nationalmuseum am oberen Ende (siehe S. 110). Den oberen Teil schmückt eine **Statuengruppe der böhmischen Heiligen** mit Wenzel als Schutzpatron Böhmens, der auf seinem Pferd den Platz überschaut. Die interessanteste der unzähligen Einkaufspassagen rund um den Wenzelsplatz ist **Lucerna**, die der Großvater von Václav Havel 1921 als erste Eisenbetonkonstruktion Prags fertigstellte. Der Komplex beherbergt ein altmodisches Café, ein dekoratives Kino und mehrere Säle für Konzerte und Bälle. Auffallend ist die Statue des hl. Wenzel, eine Parodie des Bildhauers David Černý auf den Wenzel draußen auf dem Platz.

(L 3) Náměstí Republiky (Platz der Republik)

Der Platz wird dominiert vom „Repräsentationshaus der Gemeinde Prag", dem Musterbeispiel des Prager Jugendstils aus dem Jahre 1912 (**siehe auch S. 84**). Hier wurde 1918 die Tschechoslowakische Republik ausgerufen. Das Musikfestival „Prager Frühling" beginnt in der Regel hier im Smetanasaal jährlich am 12. Mai mit dem Liederzyklus „Mein Vaterland".
Náměstí Republiky 5 (Altstadt), Tel. 222 00 21 01
www.obecni-dum.cz

(L 3) Pulverturm (Prašná brána)

Links vom Gemeindehaus steht der gotische Pulverturm, ein Teil der ehemaligen Stadtmauer. Er entstand 1475, als König Vladislav II. im danebenliegenden Königshof (1903 abgerissen) residierte. Durch seinen Umzug auf die Prager Burg schwand das Interesse an dem nicht vollendeten Turm, in dem fortan Schießpulver gelagert wurde. Den heutigen neugotischen Turmabschluss mit Satteldach errichtete Josef Mocker 1875 nach Vorbild des Altstädter Brückenturms. Der 65 Meter hohe Pulverturm bietet eine überraschende Aussicht auf das Zentrum, sind die 186 Stufen erst einmal erklommen.
Náměstí Republiky (Altstadt)
Tel. 724 06 37 23
Mai-Okt. 10-18 Uhr; 50 Kč

Eine Fülle von Grafiken und Plänen bietet der Reiseführer aus dem Verlag Dorling Kindersley. Auch unsere Darstellung auf Seite 102 stammt daraus. 272 Seiten, 20,90 Euro

al des Strahov-Klosters (s. S. 108)

(I/K 2) **Josefov (Josefstadt)**
Die Juden siedelten im Mittelalter zunächst unterhalb der Burg und bewohnten später die Fläche zwischen Moldau und Altstädter Ring. Die Mauern des jüdischen Ghettos wurden unter Joseph II. Ende des 18. Jh. abgerissen, die Juden erlangten im 19. Jh. nach und nach bürgerliche Rechte. Zur Erinnerung an den aufklärerischen Kaiser wurde der Stadtteil, als er Mitte des 19. Jhs. zum V. Prager Stadtbezirk wurde, nach ihm benannt. Durch die Liberalisierung konnten viele Juden in bessere Viertel der Stadt umziehen, die engen Gassen im ehemaligen Ghetto verfielen. Beim Abriss Ende des 19. Jahrhunderts rettete man nur die wichtigsten Bauten wie manche Synagogen, das Rathaus und einen Teil des Altjüdischen Friedhofs. **(Siehe Jüdisches Museum, S. 110)**

(I 2-K 3) **Pařížská (Pariser Straße)**
Als das ehemalige Judenghetto abgerissen wurde, galt Paris als Vorbild für diesen noblen Boulevard. Die meisten Häuser zeigen schöne Jugendstilornamente. In den letzten 15 Jahren entwickelte sich hier eine noble Einkaufsmeile mit Boutiquen und entsprechender Fashion-Gastronomie.

(F 2) **Hradčanské náměstí (Hradschiner Platz)**
Einst war der Hradschiner Platz eine Arme-Leute-Gegend, deren Häuser durch einen Brand im Jahre 1541 weitgehend vernichtet wurden. Diese Situation nutzte der Adel für den Bau seiner Paläste. Links vor der Burg thront das öffentlich nicht zugängliche **Erzbischöfliche Palais** (Arcibiskupcý palác, Nr. 16). Der einstige Renaissancebau mit Barockfassade von 1675 ist bis heute Sitz des Prager Erzbischofs. In dem links daneben gelegenen **Sternberg-Palast** (Šternberský palác, Nr. 15) hat die Nationalgalerie die Sammlung der europäischen Kunst untergebracht, unter anderem Dürers „Rosenkranzfest“ **(siehe S. 111).**
Gegenüber thront das mit Sgraffito-Fassaden geschmückte **Palais Schwarzenberg** (Schwarzenberský palác, Nr. 2). Bis vor einiger Zeit beherbergte dieser Adelspalast das Historische Militärmuseum, das Gebäude soll im Jahre 2007 als weitere Dependance der Nationalgalerie wiedereröffnet werden.
Die Westseite des Platzes bildet das mächtige **Palais Toskana** (Toskánský palác, Nr. 5), das Graf von Thun-Hohenstein 1691 im Frühbarockstil errichtete und später an die Herzöge von Toskana veräußerte. Vor dem Palais Schwarzenberg blickt die Statue des ersten tschechoslowakischen Präsidenten Tomáš Garrigue Masaryk in Richtung Burgeingang. In der Mitte des Platzes erinnert eine mit acht Heiligen gesäumte Marienstatue an die Opfer der Pest von 1713.

(G 2) **Valdštejnský palác (Waldsteinpalast)**
Albrecht Wenzel Eusebius von Waldstein – Schillers Wallenstein – war während des Dreißigjährigen Krieges Landeskommandant von Böhmen. Unterhalb der Prager Burg ließ er sich ein prächtiges frühbarockes Palais errichten, das an Größe die Burganlage noch übertreffen sollte. Heute siedelt der tschechische Senat in dem Komplex, dessen italienisch angelegter Waldsteingarten vielen zur Entspannung dient.
Palast: Valdštejnské náměstí 4 (Kleinseite) *Sa/So 10-16 Uhr, gratis.* **Garten: Letenská 10** *Apr.-Okt. tgl. 10-18 Uhr, gratis*

(B 2) **Vyšehrad (Wyschehrad)**
Auf dem südlich des Zentrums gelegenen Felsen an der Moldau soll Fürstin Libuše der Legende nach die Gründung einer Burg prophezeit haben, deren Ruhm zu den Sternen reichen würde. Sie zeigte dabei auf das Gelände der heutigen Prager Burg. Tatsächlich siedelte die Herrscherfamilie der Přemysliden zunächst auf dem Hradschin und errichtete im 11. Jh. die Festung Vyšehrad. Die als barocke Zitadelle umgebaute Festung wurde 1866 aufgelöst und an Prag angegliedert. Heute dominiert die markante Kapitelkirche St. Peter und Paul das Gelände, ihre jetzige Form im Stil der Neogotik erhielt sie im 19. Jh. Im Ehrenfriedhof neben der Kirche wurden mehr

MERIAN | TIPP

Ein Haus, das tanzen kann …

Prag blieb zum Glück vom Zweiten Weltkrieg verschont. Nur eine amerikanische Fliegerbombe landete aus Versehen am Neustädter Moldauufer und riss eine hässliche Lücke in die Bausubstanz. Dort schuf der kalifornische **Architekt Frank Gehry**, bekannt durch schräge Bauten in der ganzen Welt, sein **„Tanzendes Haus“**. Seine Befürworter nennen es nach Ginger Rogers und Fred Astaire, den amerikanischen Filmikonen, die allerdings viel besser tanzen konnten. Alle anderen, Prager und Fachleute aus aller Welt, streiten jedoch um den Bau. „Zerknautschte Coladose“ sagen die einen, **„Schmuckstück“** die anderen. **„Katastrophenarchitektur“** oder „erheiternde Kunst“? Wenn man erst einmal das Bürogebäude betreten hat, wird diese Frage obsolet, denn dann geht es in den siebten Stock, wo „La Perle de Prague“ feine französische Küche bietet. Zum Beispiel Entenbrust in Portweinsauce für 670 Kronen (ca. 28 €). Das 5-Gänge-Menue gibt's für 2500 Kč (ca. 85 €).
(I 6) Rašinovo nábřeži 80 (Neustadt)
Tel. 221 98 41 60

Keine Angst, es fällt nicht: Gehrys Tanzendes Haus

MERIAN | TIPP

Villa für sieben

Der reiche Bauunternehmer Dr. Müller beauftragte den Brünner Architekten Adolf Loos mit einer Villa für seine Familie. Im wunderschönen Residenzviertel in Prag 6 gelegen, war das funktionalistische Gebäude bei seiner Entstehung 1929 ein Dorn im Auge der Nachbarn, heute gilt es als Juwel der modernen Architektur des 20. Jhs. Der verwirklichte Raumplan ermöglichte fließende Übergänge einzelner Zimmer auf einer Etage in verschiedenen Höhen. Da das Haus ursprünglich für sieben Personen ausgelegt war, werden heute Gruppen bis maximal sieben Personen geführt. Die Besichtigung der original erhaltenen Villa erfolgt jede zweite Stunde nur gegen Anmeldung.

(D 1) Nad Hradním vodojemem 14 (Střešovice)
Tel. 224 31 20 12
www.mullerovavila.cz
April-Okt. Di u. Do u. Sa-So 9-18, Nov.-März Di u. Do u. Sa-So 10-17 Uhr

Außen eckig, innen fließend: die Müllersche Villa

Elefanten aller Zeiten: Im Nationalmuseum (s. S. 110) am Wenzelsplatz trifft Erd- auf Zeitgeschichte

als 600 Persönlichkeiten aus dem kulturellen Leben des Landes beigesetzt. Aus dem 11. Jh. stammt die Martinsrotunde, ein romanischer Rundbau, das älteste Baudenkmal Prags.
V Pevnosti 5b, Tel. 241 41 03 48
www.praha-vysehrad.cz
Apr.-Okt. tgl. 9.30-18, Nov.-März tgl. 9.30-17 Uhr Galerie 10 Kč, Kasematten 30 Kč

KIRCHEN

(F 2) Katedrála sv. Víta (St.-Veits-Dom)
Siehe Doppelseite 102/103
Apr.-Okt. 9-17, Nov.-März 9-16 Uhr, Gottesdienst Mo-Sa 7, So 8, 9.30 (lat.), 11, Fr 18 Uhr

(E 3) Strahovský klášter (Kloster Strahov)
Das Prämonstratenserkloster aus dem 12. Jahrhundert beinhaltet eine wertvolle Bibliothek mit etwa 280 000 Bänden im Theologischen und Philosophischen Saal. In der zum Komplex gehörenden Mariä-Himmelfahrts-Kirche wurde 1627 der Gründer des Ordens, der hl. Norbert von Xanten, bestattet. Das Museum der tschechischen Literatur ist hier ebenso gut besucht wie die Terrasse mit Aussicht über die Stadt.
Strahovské nádvoří 1 (Hradschin)
Tel. 220 51 66 71
www.strahovskyklaster.cz
tgl. 9-12, 13-17 Uhr, 80 Kč

(E 2) Loreto (Loreta)
Hochbarocke Anlage des 17. Jh., der Maria gewidmet. In der Schatzkammer im ersten Obergeschoss des Westflügels befindet sich eine der bedeutendsten Sammlungen barocken Kunsthandwerks in Böhmen, darunter die „Prager Sonne“: eine Diamanten-Monstranz aus dem 17. Jh. mit 6 222 Steinen und mehr als zwölf Kilogramm Gewicht. Im Hof die Kopie der Casa Santa, die angeblich Engel aus dem italienischen Loreto herbeigebracht haben: eine sensationell geschmacklose Kapelle.
Loretánské náměstí 7 (Hradschin), Tel. 220 51 67 40
www.loreta.cz
Di-So 9-12.15, 13-16.30 Uhr

(G 3) Kostel Paní Marie Vítězné (St. Maria de Victoria)
Die ursprünglich protestantische Kirche wurde nach der Schlacht am Weißen Berg 1621 katholisch, dabei wurde der Eingang nach Osten verlegt. Auf der rechten Seite im Innenraum steht die 50 cm hohe Wachsstatue „Prager Jesulein“, der alle möglichen Wunder zugesprochen werden.
Karmelitská 9 (Kleinseite)
tgl. 8.30-19 Uhr, Gottesdienst Mo-Fr 9, 18, Sa 9, 17 (span.), 18, So 10, 12 (engl.), 17 (frz.), 18 (ital.), 19 Uhr, gratis

(G 3) Chrám sv. Mikuláše (St. Niklas, Kleinseite)
Der heilige Nikolaus gilt als Beschützer der Kaufleute und Seefahrer. Seine Lebensstationen sind auf dem rund 1500 m^2 großen Deckenfresko von Johann Lukas Kracker dargestellt. Die Kirche der Architekten Vater Christoph und Sohn Kilian Ignaz Dientzenhofer sollte die Macht der Jesuiten demonstrieren und gilt als schönste Kirche des Prager Hochbarocks. Den zugänglichen Kirchenturm errichtete der italienische Architekt Anselmo Lurago. Bis 1989 diente er dem Geheimdienst zum Bespitzeln der umliegenden Botschaften, heute erlaubt er einen hübschen Blick auf die Kleinseitner Dächer. Mozart spielte in der St.-Niklas-Kirche auf der Orgel, nach seinem Tod fand hier die Trauerfeier mit 4000 Teilnehmern statt.

Malostranské náměstí (Kleinseite)
Kirche: Nov.-Feb. tgl. 9-15.45 Uhr, März-Okt. 9-16.45 Uhr; 60 Kč
Turm: April-Nov. tgl. 10-18 Uhr; 50 Kč

(K 3) Kostel sv. Mikuláše (St. Niklas, Altstadt)
Auf der Nordseite des Altstädter Rings steht die weiße Barockkirche St. Niklas, die Kilian Ignaz Dientzenhofer 1735 für die Benediktiner erbaute. Heute ist dieser prachtvolle Sakralbau Sitz der hussitischen Kirche sowie Aufführungsort klassischer Konzerte. Bemerkenswert ist der 1400 Kilo schwere Kronleuchter aus Kristallglas in Form der russischen Zarenkrone. Zar Nikolai II. ließ sie im böhmischen Harrachov anfertigen.
Staroměstské náměstí (Altstadt)
tgl. 10-16 Uhr, Gottesdienst So u. Feiertage 10 Uhr

(K 3) Týnský chrám (Teynkirche)
Die beiden spitzen Türme gegenüber dem Altstädter Rathaus gehören der Teynkirche. Sie gilt nach dem Veitsdom auf der Prager Burg als bedeutendster gotischer Kirchenbau der Stadt. Im zentralen Ziergiebel kann man die Marienstatue aus purem Gold erkennen. Das Gebäude vor der Kirche war seit dem 14. Jh. eine Schule, durch deren gotische Gewölbearkaden man eine kleine Gasse betritt, die zur Teynkirche führt.
Staroměstské náměstí 14 (Altstadt)
Mo-Sa 10-13, 16-19 Uhr, Gottesdienst Di 17, Mi-Fr 18, Sa 8, So 9.30, 21 Uhr, gratis

(I 3) Klementinum
Prags zweitgrößter Gebäudekomplex wurde von den Jesuiten als Symbol der Rekatholisierung errichtet. Ferdinand I. holte den Orden 1556 in die Stadt, um den Hussiten Einhalt zu gebieten. Wo zuvor etwa 30 Häuser standen, wurden auf knapp zwei Hektar fünf Höfe errichtet, drei Kirchen, die für regelmäßige Konzerte genutzte Spiegelkapelle, eine Druckerei und eine Sternwarte mit barockem Turm. Die Astronomen begannen 1775 mit der systematischen Messung meteorologischer Daten, die bis heute weitergeführt wird. Bis Beginn des 20. Jahrhunderts wurde von hier aus um zwölf Uhr mittags per Kanonenschuss die Zeit angegeben. Heute dient der Komplex der Nationalbibliothek sowie der Technischen Staatsbibliothek. Der 58 Meter hohe Turm kann nur während einer Führung besichtigt werden. Bei dieser Gelegenheit lernt man auch den Barockbibliothekssaal von Kilian Ignaz Dientzenhofer aus dem Jahre 1722 kennen. Nach 172 Stufen öffnet sich ein berauschendes Panorama der Karlsbrücke mit ihren Türmen.
Mariánské náměstí 5 (Altstadt)
Tel. 603 23 12 41
März-Dez. Mo-Fr 14-18, Sa-So 11-18 Uhr; 100 Kč

(K 3) Kostel sv. Jakuba (Kirche des hl. Jakob)
Die Kirche mit der besten Orgel und besten Akustik von Prag lohnt sich besonders zum Konzertbesuch. Zu Weihnachten werden die schönsten Messen von internationalen Stars gesungen. Die ursprünglich gotische Minoritenkirche aus dem Jahre 1232 wurde in der Rekatholisierung barockisiert. Gruselig: In der Mitte befindet sich die Marmorgruft des Fürsten Vratislav aus Mitrovice, der irrtümlich lebendig bestattet wurde. Rechts oberhalb vom Eingang hängt die mumifizierte Hand eines Diebes, die der Legende nach von der Marienstatue festgehalten wurde.
Malá Štupartská (Altstadt)
tgl. 9.30-12, 14-16 Uhr, Gottesdienst So 8.30, 10.30 Uhr

(I 4) Betlémská kaple (Bethlehemskapelle)
Prager Bürger erbauten 1391 die schlicht gehaltene Kapelle am Bethlehemsplatz, in der ausschließlich auf Tschechisch gepredigt werden sollte. Von 1403 bis 1413 war sie die Wirkungsstätte des böhmischen Reformators Jan Hus, der übrigens auch die tschechische Schriftsprache erneuerte; unter anderem führte er diakritische Zeichen über den tschechischen Buchstaben ein. – Die Kapelle wurde 1786 abgerissen, aber 1952 originalgetreu wiederaufgebaut.
Betlémské náměstí 5 (Altstadt)
Tel. 224 24 85 95
April-Okt. Di-So 10-18.30 Uhr, Nov.-März Di-So 10-17.30 Uhr; 40 Kč

MERIAN | DER BLICK NACH OBEN

Leuchtfeuer

Kleine Kunstwerke über den Köpfen

Jeder Pragbesucher läuft in der Altstadt oder im Burgviertel an der herrlichen **alten Straßenbeleuchtung** vorbei und nimmt ihr mattes, gelbliches Licht wahr. Erst im Winter 2005 begannen einige der Lampen entlang des Krönungsweges in diesem Farbton zu erstrahlen. Und unterstreichen mit ihrem Licht die mittelalterliche Stimmung der Stadt. Prag feiert die Rückkehr der **Gaslaternen** und damit die zauberhafte Atmosphäre der Erzählungen von Gustav Meyrink.
Anno 1847 hielten in Prag die ersten 200 Gaslampen Einzug ins Zentrum. Damals war noch ein **Laternenanzünder** in der Stadt unterwegs, um die Beleuchtung einzuschalten. Anno 1929 wurde das automatische Ein- und Ausschalten aller Gaslampen per Fernsteuerung eingeführt: Das Gaswerk sendete eine Druckwelle aus, die die Lampen mittels Membranapparat entzündete und auch wieder auslöschte. Kunstschmiede und berühmte Architekten wie **Josef Fanta** verwandelten die zunächst einfachen Eisenstangen in kunstvolle Gaslaternen. Dank **František Křižík** erhielt Prag bereits 1881 die erste **elektrische Beleuchtung.** Die Umrüstung der letzten Gaslaternen auf Elektrik erfolgte 1985.
Seit 2002 geht es wieder rückwärts: Die ersten Gaslaternen ersetzten die elektrischen Lampen. Der Testbetrieb zeigte jedoch, dass die Laternenanzahl nicht ausreichte, weil die Lichtmenge nicht den heutigen Normen entsprach. Da die **Reichweite** der Gaslampen geringer ist als die von elektrischen, musste die Zahl der kunstvollen Laternen stark erhöht werden. Was das Stadtbild enorm aufwertet. Entsprechend wurde die **Celetná** zwischen Platz der Republik und Altstädter Ring am auffälligsten mit Lampen an Häuserwänden als auch freistehenden Laternen hergerichtet. Schließlich ist auch der achtarmige Kandelaber am **Hradschiner Platz** wieder zur ursprünglichen Funktionsweise zurückgekehrt. Inzwischen strahlt der gesamte **Krönungsweg** bis zum hintersten Zipfel des **Burgviertels** dank über 150 Gaslaternen in altem Glanz.

Schummrig und wie für Verliebte gemacht: Prags renovierte Gaslater

MUSEEN UND GALERIEN

(L 5) **Národní muzeum (Nationalmuseum)**
Naturgeschichtliches Museum im monumentalen Neorenaissance-Palast mit Sammlungen zur Zoologie, Mineralogie, Urgeschichte und Geologie. Beeindruckend ist auch die Pantheon genannte Ruhmeshalle mit den Statuen berühmter Landsleute sowie herrlichem Ausblick auf den Wenzelsplatz.
Václavské náměstí 68 (Neustadt), Tel. 224 49 71 11 www.nm.cz *Mai-Sept. 10-18, Okt.-Apr. 9-17 Uhr, jeden ersten Di im Monat geschl., jeden ersten Mo Eintritt frei, sonst 110 Kč*

(N 2) **Muzeum hlavního města Prahy (Museum der Hauptstadt Prag)**
Das städtische Museum im Stil der Neorenaissance zeigt regelmäßige Wechselausstellungen. Die meisten Besucher und vor allem viele Stadtplaner kommen wegen des Langweil-Modells: In mühsamer Bastelarbeit hat Anton Langweil von 1826 bis 1837 aus Papier das damalige Zentrum im Maßstab 1:480 originalgetreu mit mehr als 2000 Gebäuden nachgebildet. Wer mit dem Stadtbild vertraut ist, hat viel Spaß an dem Modell.
Na poříčí 52 (Neustadt)
Tel. 224 22 74 90
www.muzeumprahy.cz
Di-So 9-18, erster Do im Monat 9-20 Uhr und Eintritt nur 1 Kč

(K 2) **Židovské muzeum (Jüdisches Museum)**
Vor 100 Jahren wurde das Jüdische Museum eingerichtet, das auf mehrere Gebäude im ehemaligen Judenghetto verteilt ist. Die im 16. Jahrhundert errichtete **Maisel-Synagoge** zeigt die Geschichte der Juden in Böhmen und Mähren von den Ursprüngen der jüdischen Besiedlung bis zur Emanzipation (Maiselova 10). Etwas älter ist die **Pinkas-Synagoge** (Široká 3) direkt neben dem Friedhof. Sie dient als Gedenkstätte für die 77 297 namentlich genannten jüdischen Opfer des Nationalsozialismus aus Böhmen und Mähren. Jüdische Traditionen und Gebräuche sind in der **Klausen-Synagoge** (U Starého hřbitova 1) und im ehemaligen **Zeremoniensaal** (U Starého hřbitova 3a) dokumentiert. Erst 1868 entstand die **Spanische Synagoge** (Dušní 12) im maurischen Stil, deren prächtige gold-

Unentbehrlich, und sei es nur zum Schmunzeln: Jiří Grušas „Gebrauchsanweisung für Tschechien und Prag". Piper, 217 Seiten, 12,90 Euro

immern durch die Sommernächte

verzierte Inneneinrichtung an die Alhambra erinnert. Für alle vom Jüdischen Museum verwalteten Gebäude inklusive Friedhof ist ein Kombiticket erhältlich, das die Altneusynagoge jedoch nicht umfasst.
U Staré školy 1 (Josefstadt)
Tel. 221 71 15 11
www.jewishmuseum.cz
April-Okt. So-Fr 9-18, Nov.-März So-Fr 9-16.30 Uhr

(I 2) Starý židovský hřbitov (Alter Jüdischer Friedhof)
Mit 12 000 erhaltenen Grabsteinen ist der Friedhof eine der größten und bedeutendsten jüdischen Gedenkstätten. Aufgrund des mangelnden Platzes innerhalb des Ghettos wurden die Toten von 1439 bis 1787 in bis zu zwölf Schichten übereinander beigesetzt. Berühmt sind die Grabmäler von Rabbi Löw (gestorben 1609) und des Finanzmeisters Mordechaj Maisel (1601).
Široká 3 (Josefstadt)
Tel. 221 71 15 11 *April-Okt. So-Fr 9-18, Nov.-März So-Fr 9-16.30 Uhr; 300 Kč*

(I 2) Staronová synagóga (Altneusynagoge)
Die älteste noch bestehende Synagoge Europas befindet sich kurz vor Ende der Pariser Straße und dient nach wie vor als Gebetshaus der jüdischen Gemeinde Prags, die derzeit rund 1600 Mitglieder zählt. Der frühgotische Bau entstand um 1270 und durfte mehrere Jahrhunderte lang nur von Männern betreten werden. Erst im 17. Jahrhundert wurde die schießschartenähnliche Galerie gebaut, von der Frauen den Andachten beiwohnen konnten. Der Legende nach soll der Rabbiner Jehuda Ben Bezalel Löw in dieser Synagoge den Golem aus Lehm gebaut haben, er hauchte ihm mit einem „Schem" genannten heiligen Text Leben ein. Das arbeits- und gehorsame Wesen sollte dem jüdischen Volk bei Übergriffen der Christen beistehen, doch verlor Rabbi Löw am Ende die Kontrolle über den Golem. Darum entzog er ihm den Schem, worauf die Figur auf dem Dachboden dieser Synagoge zu Staub zerfiel (oder dort noch immer im Tiefschlaf liegt). Der Name der Synagoge kommt womöglich vom hebräischen „al tnei", was „unter der Bedingung" heißt. Es sollen nämlich Steine aus dem Jerusalemer Salomontempel im Fundament verbaut sein, unter der Bedingung, dass sie zu gegebener Zeit an ihren Ursprungsort zurückgeführt würden.
Červená 2 (Josefstadt)
April-Okt. So-Fr 9.30-18 Nov.-März So-Do 9.30-17 Uhr Fr 9.30-14 Uhr; 200 Kč

Nationalgalerie: Kunst des 20. Jhs. im Veletržní palác

(I 2/3) Židovská radnice (Jüdisches Rathaus)
Der bekannte Financier und Bürgermeister Mordechaj Maisel stiftete 1586 das jüdische Rathaus, das später seine jetzige Barockgestalt erhielt. Bis heute ist es Mittelpunkt des geistigen, kulturellen und gesellschaftlichen Lebens der Prager Gemeinde. Bemerkenswert am hölzernen Rathausturm ist das hebräische Ziffernblatt mit linksherum laufenden Zeigern. An Werktagen serviert das Restaurant Shalom im Rathaus koschere Gerichte.
Maiselova 18 (Josefstadt)
Tel. 224 80 08 12
www.kehilaprag.cz
Mo-Fr 11.30-14 Uhr

Národní galerie (Nationalgalerie)
Die Nationalgalerie umfasst mehrere Sammlungen in verschiedene Orten der Stadt. Die gotische Kunst ist im **Agneskloster** (K 2, Anežská 12, Altstadt, Tel. 224 81 06 28) ausgestellt, alte böhmische Kunst im **Georgskloster** (G 2, Náměstí U sv. Jiří 5, Hradschin, Tel. 257 32 05 36), die alte europäische Sammlung im **Sternberg-Palast** (F 2, Hradčanské náměstí 15, Hradschin, Tel. 220 51 46 34) und das

MERIAN | THEATER

Im Dunkeln

Das Prinzip des Schwarzen Theaters geht auf Jiří Srnec zurück, der 1961 zum ersten Mal schwarz gekleidete Pantomimen und deren Requisiten mit Neonlicht beleuchtete, sodass der Hintergrund für den Zuschauer nicht zu sehen ist. Die Objekte werden dadurch eigenartig bewegungsfähig. Das ursprünglich humorvolle Schwarze Theater soll die Fantasie der Zuschauer anregen und kommt ohne Sprache aus. Die einstigen vier Theater dieses Genres spielten bereits auf Tourneen in der ganzen Welt.

Divadlo Metro
Empfehlenswert ist das Theater Metro, dessen Begründer František Kratochvíl seit Anbeginn mit Jiří Srnec zusammenarbeitete und als einziger ein Patent aufweisen kann.
(I 4) Národní 25
Metro-Passage (Altstadt)
Tel. 221 08 52 76
www.divadlometro.cz

Schwarz-Weiß-Malerei: Neon als Bühnenkunst

Laterna magika
Vom klassischen Schwarzen Theater grenzt sich die Laterna magika ab. Die Experimentierbühne verbindet Schauspiel, Tanz, Musik, Film und Projektion. Manche Stücke stehen seit 25 Jahren auf dem Programm.
(I 4) Národní 4 (Neustadt)
Tel. 224 93 14 82
www.laterna.cz

MERIAN | TIPP

FRIEDHÖFE

Die wichtigste Ruhestätte der Tschechen liegt auf dem **Vyšehrad (B2)** neben der Kapitelkirche Peter und Paul. Mehr als 600 Persönlichkeiten wurden hier ab 1870 beigesetzt. Die bekanntesten sind die Komponisten **Bedřich Smetana** und **Antonín Dvořák** sowie die Schriftsteller **Božena Němcová, Karel Čapek und Jan Neruda**. Der bekannteste Friedhof in Prag ist der **Alte Jüdische Friedhof** (siehe S. 111). Auf dem **Neuen Jüdischen Friedhof (O 5, Izraelská 1, Žižkov)** direkt an der Metrostation Želivského fehlen leider Hinweisschilder zum Grab des Franz Kafka, doch man findet seine Ruhestätte einfach nach dem Eingang rechts entlang der Mauer in Abteilung 21. Gegenüber der Hauptstraße liegt mit den **Olšanské hřbitovy (O 5, Vinohradská 153, Žižkov)** die größte Anlage der Stadt, die 1680 nach einer Pestepidemie fernab des Zentrums gegründet wurde. Bis zur Metrostation Flora streckt sich das Gelände, auf dem unter anderem Philosoph Bernard Bolzano, der Schriftsteller Josef Jungmann und der Architekt des Hauptbahnhofs Josef Fanta letzte Ruhe fanden. Auf dem zur selben Zeit entstandenen **Malostranský hřbitov (E 7, Plzeňská, Smíchov)** wurde Mozarts Gastgeberpaar Josepha und Franz Xaver Dušek bestattet.

Leicht zu finden: Kafkas Grab auf dem Neuen Jüdischen Friedhof

Bunt wie Premierenpublikum: Figurenkunst vor dem Ständetheater

20. Jahrhundert im **Messepalast** (M 1, Dukelských hrdinů 47, Holešovice Tel. 224 30 10 03).
www.ngprague.cz
Di-So 10-18 Uhr

(G 3) České muzeum hudby (Tschechisches Musikmuseum)

Das ehemalige Maria-Magdalena-Kloster aus dem 17. Jh. wurde nach aufwendiger Renovierung Heimstätte des Musikmuseums. Die Dauerexposition „Mensch-Instrument-Musik" gibt Einblick in die Instrumente von Renaissance und Barock bis zu experimentellen Geräten des 20. Jhs. Im beeindruckenden Atrium finden thematische Ausstellungen statt, im Mozartjahr bis September 2006 „Musik in Prag 1760-1810".
Karmelitská 2 (Kleinseite)
Tel. 257 25 77 77, www.nm.cz
Mi-Mo 10-18 Uhr

THEATER

Die langjährige Theater- und Musiktradition hat in der Kulturgeschichte der Stadt eine wichtige Rolle gespielt. Nicht von ungefähr wurden 1989 die ersten Versammlungen in den Theatern abgehalten. Seitdem hat sich die Kulturlandschaft merkbar verändert; das Angebot an Musik, Theater und Folklore ist größer denn je.

(I 4) Národní divadlo (Nationaltheater)

Das von den Pragern gern als „Goldene Kuppel über der Moldau" bezeichnete Theater im Stil der Neorenaissance entstand zur Zeit der nationalen Wiedergeburt in der zweiten Hälfte des 19. Jhs. Es wurde durch Spenden finanziert, bis dahin gab es nur deutsche Theater in Prag. Im noch nicht fertiggestellten Gebäude wurde die Uraufführung von Smetanas Oper „Libuše" gegeben. Als das Haus kurz darauf teilweise niederbrannte, dauerte es weitere zwei Jahre, bis das Nationaltheater 1883, erneut mit „Libuše", feierlich eröffnete. Das Repertoire umfasst klassische, überwiegend tschechische Werke wie die Opern von Smetana, Dvořák und Janáček sowie Ballett und Schauspiel.
Ostrovní 1 (Neustadt)
Tel. 224 90 13 77
www.narodni-divadlo.cz

(K 3) Stavovské divadlo (Ständetheater)

Im Jahre 1783 wurde die erste steinerne Bühne im Moldautal eingeweiht und erlebte als „Gräflich Nostitzsches Nationaltheater" vier Jahre später am 29. Oktober 1787 die Weltpremiere von Mozarts „Don Giovanni", den dieser in Prag fertig komponierte und selbst dirigierte. Seine Oper „La Clemenza di Tito" wurde am 6. September 1791 anlässlich der Krönung von Leopold II. zum böhmischen König ebenfalls hier uraufgeführt. Von 1813 bis 1816 war Carl Maria von Weber Operndirektor am inzwischen in „Ständetheater" umbenannten Haus. Heute wird in diesem Haus vorwiegend Mozart aufgeführt, ergänzt um Schauspiel und Ballett. In den Theaterferien im Sommer führt hier die Gesellschaft „Opera Mozart" den „Don Giovanni" täglich auf, das ist jedoch nicht die Originalarbeit des Ständetheaters: Auf jeden Fall sollte man das Werk zur regulären Spielzeit sehen, die Inszenierung stammt aus dem Mozartjahr 2006.
Ovocný trh 1 (Altstadt)
Tel. 224 90 23 22
www.narodni-divadlo.cz

(M 4) Statní opera (Staatsoper)

Der dritte prachtvolle Theaterbau in Prag wurde 1888 als „Deutsches Theater" eröffnet und zählt ebenfalls zu den schönsten Opernhäusern Europas. Der beeindruckende Zuschauerraum ist überwiegend mit Rot und Gold ausgestattet. Wie üblich, werden die Werke meist in der Originalsprache aufgeführt. Häufig stehen Wagner und Verdi auf dem Programm, inzwischen jedoch auch tschechische Werke.
Wilsonova 4 (Neustadt)
Tel. 224 22 72 66
www.opera.cz

MERIAN | BÖHMISCHE KÜCHE

Knödeltradition

Nichts für Vegetarier: Braten muss sein

Die typische böhmische Küche ist zwar schmackhaft, aber vor allem deftig und kalorienreich. Dabei kennt sie in der ursprünglichen Form kaum Salate oder Gemüse außer gedünstetem Kraut. Die drei **Nationalgerichte** Gulasch („guláš"), Schweinebraten mit Kraut („vepřo-knedlo-zelo") und Lendenbraten in Rahmsoße mit Preißelbeeren („svíčková") werden in der Regel mit lockeren, in Scheiben geschnittenen **Semmelknödeln** serviert. Die Einfachheit der Küche verträgt sich wunderbar mit der tschechischen Liebe zur Tradition. Das erste böhmische Kochbuch schrieb Magdalena Dobromila Rettigová immerhin schon 1826, und nach ihrer „Domácí kuchařka"

Deftig: Semmelknödeln und kalorienreiche Saucen gehören bei der Böhmischen Küche zu jedem Braten dazu

(Hausköchin) kochen noch heute viele Hausfrauen in ganz Tschechien. In den letzten Jahren brachten fleißige Verleger ihre eigenen Kochbücher heraus, um ein Stück vom Kuchen abschneiden zu können, den der Tourismus auch dem Buchhandel bringt. Einen guten Überblick bietet das illustrierte Büchlein **„Die besten böhmischen Rezepte"** aus dem Prager Vitalis-Verlag. Die 49 Rezepte reichen von kleinen Vorspeisen zum Bier über die unvermeidlichen Knödel und allerlei Fleisch bis zu den Mehlspeisen wie **Dukatenbuchteln** und **Palatschinken.** Bei der Lektüre des kleinen kulinarischen Sprachkulinariums wird die Verwandschaft der böhmischen mit der österreichischen Küche schnell klar, schließlich hielt sich eine vornehme Wiener Familie meist eine böhmische Köchin.

Die besten böhmischen Rezepte, Harald Salfellner Vitalis-Verlag, 80 Seiten, 9,90 Euro

Aus dem „Kleinseitner Kaffeehaus" wurde das Bistro „Square" (S.114)

RESTAURANTS

(L 2) **Albio biorestaurace**
Das ruhig gelegene Albio ist ein echtes biologisch-vegetarisches Restaurant mit einer Einrichtung aus natürlichen Hölzern und Kinderspielecke. Die umfangreiche Karte besteht aus leckeren Gerichten mit viel Gemüse, Vollkornnudeln und -reis, Tofu, Süßgerichten und einer Auswahl an interessanten Desserts.
Truhlářská 20 (Neustadt)
Tel. 222 32 54 14
www.albiostyl.cz
tgl. 11-22 Uhr €

(K 2) **Cartouche**
Eines der wenigen mittelalterlichen Gasthäuser in dieser mittelalterlichen Stadt: dunkelrot, gemütlich, rustikal.
Die Gerichte sind in „Schwarze Küche des 16. Jahrhunderts" (Quiches, Medaillons und mehrere Sorten Spieß) und „Neue französische Küche" eingeteilt.
Bílkova 14 (Josefstadt)
Tel. 224 81 95 97
www.cartouche.cz
Mo-Sa 11-23 Uhr
Sa 13-23 Uhr €€

(K 5) **Hloupý Honza**
Hausmannskost zu vernünftigen Preisen gibt es beim „Dummen Hans" in der Neustadt. Die leckeren Klassiker wie Svíčková (Lendenbraten), Gulasch und Schnitzel werden durch einfache Gerichte ergänzt. Das Interieur erinnert mit allerlei Gartenwerkzeug an einen Bauernhof.
Školská 12 (Neustadt)
Tel. 222 23 00 36
www.hloupyhonza.cz
tgl. 11-24 Uhr €

(K 2) **L'Angelo**
Elegantes neues Restaurant, mit italienischen und französischen Einflüssen. Die vorwiegend südländischen Speisen werden sehr geschmackvoll präsentiert, als Abschluss empfiehlt sich die beste Tiramisu der Stadt.
Dlouhá 7 (Altstadt)
Tel. 224 82 93 55
Tgl. 7.30-1 Uhr €€

(F 2) **Lví dvůr**
Am nördlichen Zugang zur Prager Burg gegenüber der Straßenbahnhaltestelle steht seit 1581 das „Löwenhof" genannte Renaissancegebäude. Bereits zur Regentschaft von Rudolf II. im Jahre 1600 wurden an dieser Stelle Spanferkel zubereitet, 1999 eröffnete Václav Havel die Restauration, die jetzt auf den Beinamen „Prager Spanferkel" hört. Häufig von Politikern und Prominenten aufgesucht.
U Prašného mostu 6 (Hradschin)
Tel. 224 37 23 61
www.lvidvur.cz
tgl. 11-24 Uhr €€

Preiskategorien

Alle Adressen im Info-Magazin sind MERIAN-Empfehlungen. Preiskategorien Restaurants (ein Hauptgericht mit Beilage):
€ bis 8 €; €€ 8 bis 16 €
€€€ mehr als 16 €

Pivnices | TOP FIVE

(G 2) U hrocha (Zum Nilpferd)
Alles über diese Bierkneipe S. 78.
Thunovská 10 (Kleinseite)
Geöffnet 12-23 Uhr

(I 3) U zlateho tygra (Zum Goldenen Tiger)
Im Herzen der Altstadt in der **Husova**-Gasse. Fast ein Wunder: das Bier für nur 20 Kč.
Geöffnet ab nachmittags
Schluss um 23 Uhr

(K 5) Novoměštský pivovar (Neustädter Brauerei)
Produziert täglich 15 Hektoliter erstklassiges Bier, das zum Weitertrinken nahezu zwingt
Vodičkova 20 (Neustadt)
www.npivovar.cz
Mo-Fr 8-23.30, Sa 11.30-23.30, So 12-22 Uhr

(L 4) U Jindřišské věže (Zum Heinrichturm)
Sauber, gemütlich, preisgünstig: Ausgeschenkt wird helles und dunkles Radegast
Jindřišská 26 (Neustadt)
Mo-Fr 10-23, Sa-So 11-23 Uhr

(I 5) U Fleku (Zum Fleck)
Immer voll: das Hofbräuhaus unter den Pivnices
Kremencova 11 (Altstadt)
tägl. 9-23 Uhr

(I 7) Oliva
Französisierendes Restaurant unterhalb der Burg Vyšehrad mit Olivenöl als Thema quer durch Einrichtung und Speisekarte. Die mediterrane Küche wird frisch zubereitet und glänzt durch Einfallsreichtum.
Plavecká 4 (Neustadt)
Tel. 222 52 02 88
www.olivarestaurant.cz
Mo-Sa 11.30-24 Uhr €€

(I 4) Restaurant R. M. Rilke
Rilke hat hier weder gewohnt noch gespeist, doch erinnern Einrichtung und Gemälde an das Prag seiner Zeit. Die Küche zaubert vor allem Wildgerichte auf den Teller, die intime Atmosphäre empfiehlt sich für ein romantisches Diner.
Karoliny Světlé 25 (Altstadt)
Tel. 222 22 14 14
www.rmrilke.cz
tgl. 11.30-1 Uhr €€

(G 3) Square
Das einstige „Kleinseitner Kaffeehaus" im Rokokogebäude in der Mitte des Kleinseitner Rings wurde zu einem luftigen Bistro. Gingen hier einst Prager Literaten ein und aus, sind es heute erfolgreiche Manager. Die Küche variiert von Pasta über Tapas bis zu Tiramisu. Wireless LAN ist gratis.
Malostranské náměstí 28 (Kleinseite)

Jugendstil vom Lichtschalter bis zur Teetasse: die Kavárna im Geme

Tel. 257 53 21 09
www.squarerestaurant.cz
tgl. 8-1 Uhr €€

(G 3/4) U modré kachničky
Ein kulinarisches Muss in Prag! Die Einrichtung sieht aus wie in Großmutters Wohnung, dazu gibt es traditionelle tschechische Küche mit Zwetschgenknödel und Ente. Der schönste Saal liegt im ersten Stock. Mittlerweile hat „Das Blaue Entlein" eine Niederlassung in der Altstadt eröffnet, doch der bessere der Köche blieb auf der Kleinseite. Präsident Václav Klaus lädt hierher seine Gäste.
Nebovidská 6 (Kleinseite)
Tel. 257 32 03 08
www.umodrekachnicky.cz
tgl. 12-16, 18.30-24 Uhr €€€

KAFFEEHÄUSER

Prag zählt zu den wenigen europäischen Städten, in denen die große Kaffeehaustradition gepflegt wird. Einige der altehrwürdigen Cafés wurden zwar anderen Nutzungen zugeführt, aber manche öffneten erneut.

(K 3) Grand Café Orient
Das einzige kubistische Café der Welt hat nach einer fast 80-jährigen Pause seit 2004 wieder geöffnet. Der Architekt Josef Gočár schuf im ersten Stock des Hauses „Zur schwarzen Muttergottes" einen Traum von Kaffeehaus in der Zeit zwischen Jugendstil und Art déco. Vom Geschirr bis zu den Lüstern wurde fast alles originalgetreu rekonstruiert. Wer von Kubismus fasziniert ist, kann die Ausstellung im selben Haus besuchen.
Ovocný trh 19 (Altstadt)
Tel. 224 22 42 40
www.grandcafeorient.cz
Mo-Fr 9-22, Sa-So 10-22 Uhr €

(L 3) Kavárna Obecní dům
Die Mutter aller Prager Cafés befindet sich im linken Flügel des prächtigsten Jugendstilgebäudes Prags **(siehe S. 84).** Jeder Gast staunt angesichts der herrlichen Inneneinrichtung mit hohen Wänden, stilvollen Kristallleuchtern und den Galerieplätzen in der oberen Etage. Ein Trio oder ein Pianist sorgen für die musikalische Unterhaltung. Die Torten vom Rollwagen sind eine Sünde wert.
Náměstí Republiky 5 (Altstadt)
Tel. 222 00 27 63
www.vysehrad2000.cz/obecnidum
tgl. 7.30-23 Uhr €€

Tschechisch-Deutsche Speisekarte

Pražská šunka – Prager Schinken
Uherský salám – Ungarische Salami
polévka – Suppe
drštková polévka – Kuttelflecksuppe
vepřová pečeně – Schweinebraten
svíčková pečeně – Lendenbraten (gebratenes Rindfleisch in Rahmsauce)
(hovězí) guláš – (Rinder-)Gulasch
španělský ptáček – gefüllte Rindsroulade
tatarská omáčka – Remouladensauce
řízek – Schnitzel
roštěnka – Rostbraten
zvěřina – Wild; **bažant** – Fasan
kachna – Ente; **kuře** – Huhn
husa – Gans; **ryby** – Fische
pstruh – Forelle; **kapr** – Karpfen
bezmasá jídla – fleischlose Gerichte
knedlíky – Knödel
houskové knedlíky – Semmelknödel
bramborové knedlíky – Kartoffelknödel
špekové knedlíky – Speckknödel
ovocné knedlíky – Obstknödel
švestkové knedlíky – Pflaumenknödel
rýže – Reis; **brambory** – Kartoffeln
chleb – Brot
zelí – Kraut; **kyselé zelí** – Sauerkraut
zelenina – Gemüse; **salát** – Salat
houby – Pilze
palačinky – Palatschinken
s ovocem – mit Früchten
a šlehačkou – und Schlagsahne
závin – Strudel
jablkový závin – Apfelstrudel
makový závin – Mohnstrudel

Ein Begleiter durch die besten Kaffeehäuser der Stadt: Prager Cafés, Harald Salfellner, Vitalis, 9,90 Euro

s ist Prags gute Stube

(I 2) **Le Café Colonial**
Das Café, in dem schon Matt Damon, Sean Connery und Karolína Kurková saßen, ist ein prima Ort für ein leichtes Mittagessen oder einen Nachmittagskaffee.
Široká 6 (Josefstadt)
Tel. 224 81 83 22
www.lecafecolonial.cz
tgl. 10-24 Uhr €€

(K 2) **Nostress**
Modernes Designcafé, macht seinem Namen alle Ehre. Statt Zeitungen laden Luxuszeitschriften zur Lektüre ein. Im Keller finden häufig Modenschauen statt.
Dušní 10 (Altstadt)
Tel. 222 31 70 07
www.nostress.cz
tgl. 10-24 Uhr €€€

(M 5) **Sahara**
Neues Café mit unschlagbarer Atmosphäre dank präzisem Design in Sandsteinfarben, ergänzt um Handgeschnitztes aus Madagaskar und afrikanische Masken. Die hinteren Räume erinnern an ein Beduinenzelt bzw. an eine gemütliche Lounge für diskretes Zusammensein. Mit Balkon im grünen Innenhof.
Ibsenova 1 (Weinberge)
Tel. 736 12 00 67
tgl. 11-23 Uhr €€€

(G/H 4) **Savoy**
Auch wenn es erst 2004 in alter Pracht eröffnet wurde, gehört es zu den ältesten Cafés der Stadt. Die klassizistische Stuckdecke glänzt wie vor hundert Jahren, der Einfluss der Wiener Kaffeehauskultur ist deutlich spürbar. Die Küche zeugt von der Zugehörigkeit zu einer der aktivsten Prager Restaurantketten.
Vítězná 5 (Kleinseite)
Tel. 257 31 15 62
www.ambi.cz
Mo-Fr 8-22.30 Uhr
Sa-So 9-22.30 Uhr €€

(H/I 4) **Slavia**
In dem berühmten Literatencafé der Dreißiger tagten einst die Kulturschaffenden und der Untergrund in verräucherter Atmosphäre. Längst wiedereröffnet und klimatisiert, kann man hier einfach abschalten und Kaffee trinken, sogar mit echter Schlagsahne.
Smetanovo nábřeží 2 (Altstadt), Tel. 224 21 84 93
www.cafeslavia.cz
tgl. 8-23 Uhr €

SZENE

(K 2) **Aloha Wave Lounge**
Nette Cocktailbar mit Erinnerungen an das Hawaii der Fünfziger. Vorne lockt ein gemütliches Café, die regelmäßigen Parties und Liveauftritte steigen unten.
Dušní 11 (Altstadt)
Tel. 724 05 57 04
www.alohapraha.cz
Mi-Sa 8.30-4, So-Di 8.30-2 Uhr

(K 2/3) **Bar and Books**
Die elegante New Yorker Bar wirkt wie eine Bibliothek mit gutem Angebot an Whisky und feinen Zigarren, übrigens eine Depandance von zwei gleichnamigen Vorbildern aus Manhattan. In dem geschmackvollen dunklen Interieur auf gemütlichen Ledersesseln könnte auch James Bond seinen geschüttelten Martini zu sich nehmen. Die kurze Speisekarte kennt allenfalls Lachs, Kaviar oder Schokoladenfondue.
Týnská 19 (Altstadt)
Tel. 732 71 55 67
www.barandbooks.net
Mo-Fr 17-3, Sa-So 17-4 Uhr

(K 2/3) **Bugsy's**
Nach wie vor eine der führenden Cocktailbars der Stadt, auch wenn sie schon seit vielen Jahren existiert. Die Zeitschrift *Newsweek* wählte Bugsy's einst unter die 20 besten Bars der Welt. Entsprechend kehren viele Prominente aus Film und Mode ein.
Pařížská 10 (Altstadt)
Tel. 224 81 02 87
www.bugsysbar.cz
tgl. 19-2 Uhr

(I 3) **La Bodeguita del Medio**
Name und Einrichtung versprechen nicht zu viel: die Cocktailbar im Old Havana Style ist eine Kopie der gleichnamigen kubanischen Bar, in der in den 1950er Jahren Ernest Hemingway, Sophia Loren und Brigitte Bardot zu Gast waren.
Kaprova 5 (Josefstadt)
Tel. 224 81 39 22
www.bodeguita.cz
tgl. 10-2 Uhr

(K 2) **M1 Secret Lounge**
Die Lounge Bar sieht von außen recht unauffällig aus, im Inneren besticht M1 durch graues, industrielles Design mit roten Sofas. Wer etwas auf sich hält, zeigt sich hier.
Masná 1 (Altstadt)
Tel. 221 874 256
tgl. 18-4 Uhr

(I 5) **Solidní nejistota**
Das schräge Restaurant des Radiosenders „Limonadový Joe" ist innen blutrot gestaltet. Abends zeigt sich die schöne Prager Jugend an der Bar.
Pštrossova 21 (Neustadt)
Tel. 605 00 05 00
www.solidninejistota.cz
tgl. 18-6 Uhr

MERIAN | LEBENSART

Chlebíčky

Als tschechische Antwort auf den Sandwich trotzen die sagenhaften Chlebíčky erfolgreich dem importierten Fastfood. Sie basieren auf schräg geschnittenem Baguettebrot, das entweder mit Butter geschmiert ist oder Kartoffelsalat als Grundlage verwendet. Darauf wird auf verschiedene Weise belegt: besonders beliebt sind gekochter Schinken, ungarische Salami, hartgekochte Eier mit Salat oder Hermelinkäse, eine Art Camembert. Seltener sind Varianten mit Kaviar oder Hummer. Allen gemein ist eine hübsche Dekoration der Auflage. Die Chlebíčky kann man in Delikatessgeschäften, Milchbars oder „cukrárny" (Konditoreien) meist vor Ort zu einem Kaffee oder Tee verdrücken oder auch einpacken lassen. Ein großer Teil wird übrigens für Feierlichkeiten und Familienfeste nach Hause geliefert. Manche Geschäfte gewähren am Abend Rabatte für die letzte Ware des Tages. Seltsamerweise wurden die Chlebíčky im Ausland noch nicht kopiert, dabei wären sie eigentlich so einfach nachzuahmen.

(I 4) **Jan Paukert**
Národní 17 (Altstadt)
Tel. 224 23 24 66
Mo-Fr 8-19, Sa 9-14 Uhr

(K/L 4) **Chlebíčky Světozor**
Vodičkova 41 (Neustadt)
Tel. 224 15 23 51
Mo-Fr 8-19, Sa 9-19, So 11-18 Uhr

MERIAN | MUSIKSCHAU

Jazz gegen Rock

Freie Musik wurde lange politisch drangsaliert

Wie kaum eine andere europäische Stadt bietet Prag eine faszinierende **Jazzszene.** Mehrere Konzerte täglich sind die Regel, selbst in den USA muss man lange suchen, um eine solche Dichte in einer einzigen Stadt zu finden.

In Prag kam die Jazzmusik in den fünfziger Jahren auf, es war ein frischer Einfluss nach den düsteren Zeiten des Protektorats. **Radio Prag** leistete sich damals bereits eine eigene Big Band. Auch wenn die Musik nicht verboten wurde, konnte sich die damalige politische Führung mit dieser Richtung nicht wirklich anfreunden, vielmehr wurde neues Liedgut mit der Verherrlichung des sozialistischen Aufbaus gefördert.

Der Jazz verbreitete sich besonders in kleinen Bars zu Beginn der politischen Lockerungen Mitte der Sechziger, war er für viele doch eine Form des unterschwelligen Protests. Nach dem Ende des **Prager Frühlings** bekämpfte der Machtapparat aber vor allem die aufkeimende Rockmusik, die mit Gruppen wie „The Plastic People of the Universe" den Untergrund aufmischte.

Wo schon Bill Clinton Saxophon spielte: Reduta Jazz Club

Der Jazz wurde als Gegenmaßnahme salonfähig gemacht und ein **Prager Jazzfestival** gegründet, das Zuschauer und Künstler auch aus dem Ausland anzog. Seit der „Samtenen Revolution" hat sich die Anzahl der Jazzclubs verdoppelt, in denen oft ein fester Kreis von etablierten Musikern reihum auftritt.

Der vitale Jazz in Prag begleitet den Lebensweg von Generationen sowohl beim Publikum als auch bei den Künstlern. Und Jazz ist in der Stadt überall zu hören: auf der Karlsbrücke, vor der Burg und in der Altstadt wird regelmäßig unter freiem Himmel gespielt.

Mehr zur tschechischen Jazzszene auf den Websites www.jazzfestivalpraha.cz, www.unitedislands.cz und www.czechjazz.org (nur auf Tschechisch und Englisch)

CLUBS

Das Angebot an Jazzkonzerten ist breit, die Lektüre eines Veranstaltungsmagazins wird empfohlen. Dank dem ständig hohen Niveau in den Clubs kann man allerdings auch auf gut Glück hingehen. Eintrittskarten für Theater, Konzerte, Musicals und weitere Veranstaltungen gibt es bei
Ticketpro (im Altstädter Rathaus)
(K 3) Staroměstské náměstí 3
Tel. 296 33 33 33
www.ticketpro.cz
Mo-Fr 9-19, Sa-So 9-18 Uhr
Bohemia Ticket International
(I/K 3) Malé náměstí 13
Tel. 224 22 78 32
www.bohemiaticket.cz
Mo-Fr 9-17, Sa 9-13 Uhr

(K 3) Agharta Jazz Centrum
Einer der besten Prager Clubs mit täglichen Konzerten ab 21 Uhr. Dank erstklassiger Beratung lohnt sich hier das Stöbern im kleinen CD-Geschäft. Was gerade nicht vorrätig ist, wird bestellt. Regelmäßig lockt das Agharta Jazzfestival internationale Musiker an, bei namhaften Stars wie Jan Garbarek oder Lyle Mays wird auf größere Säle ausgewichen.
Železná 16 (Altstadt)
Tel. 222 21 12 75
www.agharta.cz
tgl. 18-1 Uhr

(G 3) Malostranská beseda
Ein Hauch von Nostalgie und Atmosphäre der Siebziger streicht durch den Rockclub im einstigen Kleinseitner Rathaus, der alle politischen Stürme überlebt hat und eine Plattform für Konzerte von Blues über Jazz bis Rock darstellt.
Malostranské náměstí 21 (Kleinseite), Tel. 257 53 20 92
www.mb.muzikus.cz
tgl. 17-23 Uhr

(I 4) Reduta Jazz Club
Das renommierte Jazzcafé Reduta siedelt bereits seit 1958 in der Nationalstraße. Programmzettel und Plakate sind wie eh und je auf rauem Papier gedruckt. 1994 schenkte Václav Havel Bill Clinton ein Saxophon, der spielte mit der Band eine spontane Session. Dieser Auftritt ist im Reduta auf CD erhältlich.
Národní 20 (Neustadt)
Tel. 224 93 34 87
www.redutajazzclub.cz
tgl. 21-0.30 Uhr

Wo der Prager Frühling begann u

(G 3) U malého Glena
Von den vielen Amerikanern, die Anfang der Neunziger nach Prag kamen, ließ sich der Club inspirieren. Im Erdgeschoss serviert ein Restaurant Bagels und andere Kleinigkeiten, Live-Jazz steigt ab 21 Uhr im Keller. Hin und wieder werden hier CDs eingespielt. Das Programm: von Blues über kubanische Rhythmen bis Modern Jazz.
Karmelitská 23 (Kleinseite)
Tel. 257 53 17 17
www.malyglen.cz
tgl. 10-1.30 Uhr

(K 3) U Staré paní
„Bei der alten Dame" findet man ein Hotel mit Geräuschdämmung, ein Restaurant und einen der engagiertesten Jazzclubs. Der einzige Club mit Dinner zum Konzert, häufig ergänzt durch späte Jamsessions.
Michalská 9 (Altstadt)
Tel. 603 55 16 80
www.jazzlounge.cz
tgl. 19-2 Uhr

Das erste Buch zum tschechischen Jazz. **That Jazz of Praha,** Ada und Alexander Schneller, Christian Gerber und Danilo Silvestri, Vitalis 2006, 196 S., 19,90 Euro

es Jahr neu erblüht: das Rudolfinum und sein Klangkörper

KONZERTHÄUSER

Einen aktuellen Überblick über die Konzertveranstaltungen gibt es auf einer Tafel in der Týnská-Gasse, die vom Altstädter Ring zur Teynkirche führt.

(I 2) **Rudolfinum**
Der monumentale Neorenaissance-Bau von 1884 wurde nach dem Sohn der Kaiserin Sisi benannt. Das auch als „Haus der Künstler" bezeichnete Gebäude ist heute Sitz der Tschechischen Philharmonie und wird hauptsächlich als einer der bedeutendsten Konzertsäle der Stadt sowie für Ausstellungen der gleichnamigen Galerie verwendet. Auch U-Musiker wie die „Cats"-Primadonna Sarah Brightman mieten das Orchester für ihre Werke.
Alšovo nábřeží 12 (Altstadt)
Tel. 227 05 93 52
www.rudolfinum.cz

(G 4) **MHF Pražské jaro (Prager Frühling)**
Seit gut 60 Jahren treten die besten Interpreten der klassischen Welt bei diesem internationalen Musikfestival auf. Die Darbietungen finden überwiegend im Gemeindehaus, im Rudolfinum und im Spanischen Saal auf der Burg statt. Es beginnt jährlich am 12. Mai, Smetanas Todestag, mit dessen Liederzyklus „Mein Vaterland". Es endet am 3. Juni mit Dvořáks Neunter Sinfonie „Aus der Neuen Welt". Dieses Festival gab der politischen Bewegung von 1968 seinen Namen.
Hellichova 18 (Kleinseite)
Tel. 257 31 25 47
www.festival.cz

(O 4) **Palác Akropolis**
Rockkonzerte von Marianne Faithfull bis zu den Toten Hosen, Modeshows, Theater und alternative Events fanden und finden unter dem Dach des Multifunktionsgebäudes ihren Platz. Kosmopolitisches Publikum trifft auf originelle Atmosphäre.
Kubelíkova 27 (Žižkov)
Tel. 296 33 09 11
www.palacakropolis.cz

MUSICALS

Prag hat sich in den vergangenen zwölf Jahren als europäische Musicalmetropole einen Namen gemacht. Das erfolgreichste Stück „Dracula" von Biene-Maja-Komponist Karel Svoboda wurde auch in Deutschland, in der Schweiz, in Russland und in Südkorea aufgeführt. Interessant sind auch die Prager Versionen internationaler Werke, mehr als 1000 Vorstellungen erlebte beispielsweise „Jesus Christ Superstar" und inspirierte London zur Wiederaufnahme. Das Programm wechselt alle paar Monate, die Eintrittspreise liegen unter 25 Euro.

(L 7) **Hudební divadlo Karlín (Musiktheater Karlín)**
Das einst als Operettentheater im Schatten stehende städtische Musiktheater Karlín hat einen bemerkenswerten Aufstieg hinter sich und zeigt neben den Klassikern inzwischen auch neue Stücke wie „Jekyll & Hyde" und „The Producers".
5. května 65 (Nusle)
Tel. 261 17 44 00
www.hdkarlin.cz

(M 1) **GoJa Music Hall**
Hohe Qualität bietet die GoJa mit der tschechischen „Miss Saigon", zuvor überzeugten hier „Les Misérables".
Výstaviště (Holešovice)
Tel. 272 65 83 37
www.goja.cz/musichall

(K 5) **Divadlo Kalich**
Das kleine Theater mit Klang in Dolby Surround führte 650-mal Janek Ledeckýs „Hamlet Muzikál" auf, das nach einem ähnlichen Erfolg in Pressburg (Bratislava) als erstes tschechisches Stück den Weg an den Broadway schaffte.
Jungmannova 9 (Neustadt)
Tel. 296 24 53 11
www.kalich.cz

(I 3) **Ta Fantastika**
Eher experimentell und auch für Einheimische nicht immer verständlich sind die eigenen Stücke in diesem kleinen Theater im Unitarier-Palast. Dessen gelungene „Jeanne d'Arc" nahm sogar an einem Musicalfestival in Cardiff teil. Die meisten immerhin unterhaltsamen Produktionen entstammen literarischen Vorlagen, z.B. „Das Bildnis des Dorian Gray" nach Oscar Wilde.
Karlova 8 (Altstadt)
Tel. 222 22 13 69
www.tafantastika.cz

MERIAN | TIPP

Jazzen und essen

Zlatá Praha
Den besten Jazzbrunch bietet das Hotel InterContinental in seinem Luxusrestaurant Zlatá Praha im 9. Stock an. Zu Lachs und Hummer oder auch Erdbeer- oder Spargelbrunch spielt eine Combo Klassiker aller Stilrichtungen.
(I 2) Náměstí Curieových 5 (Altstadt), Tel. 296 63 09 14
www.zlatapraharestaurant.cz
tgl. 12-15, 18-23.30 Uhr €€€

Louis Armstrong Restaurant
Das Restaurant widmet sich dem Trompeter und der Musik seiner Zeit. Die Speisekarten sind außen auf Walzen aufgerollt, im Inneren verspricht das vornehme Ambiente im Ziegelinterieur einen romantischen Abend mit Untermalung durch den großen Meister.
(M 5) Italská 30 (Weinberge)
Tel. 222 25 36 70
www.louisarmstrong.cz
tgl. 10-24 Uhr €€

Jazzboat
Eine Alternative zu Restaurants mit Musik im Hintergrund ist das Jazzboat, das normalerweise unter dem Namen „Kotva" auf Kaffeefahrten unter der Karlsbrücke kreist. Abends spielt eine Jazzband Dixieland, Blues, Swing und Latin Jazz auf einer gut zweistündigen Tour mit toller Aussicht. Zum Eintritt von 590 Kronen kommt noch der Preis für das Menü hinzu.
(I 2) Anleger am Pier 5 an der Čechův most (Altstadt)
Tel. 731 18 31 80
www.jazzboat.cz
April-Okt. Di-So 20.30-23 Uhr
€€

INFO ÜBER NACHT

MERIAN | TIPP

Design-Hotel 987

Die spanische Kette „Design Hotels Collection" benannte ihr neuestes Objekt unweit des Hauptbahnhofs nach der Katasternummer des Hauses.
Die Zimmer und Suiten sind in dunklem Braun mit dezentem Orange gehalten, einige der pfiffigen Details stammen von Philippe Starck. Klare Linien, sorgfältige Farbwahl und hochwertige Materialien wurden auch in den Gesellschaftsräumen verwendet. Zwar hat „987" aus Platzgründen keine Fitnessabteilung, aber dafür einen Billardraum.
(M 3) Senovážné náměstí 15 (Neustadt)
Tel. 222 21 03 63
Fax 222 21 03 69
www.designhotelscollection.com
80 Zi. €€€

Erholung von Barock und Renaissance: die klaren Linien des 987

Preiskategorien

Alle Adressen im Info-Magazin sind MERIAN-Empfehlungen. Preiskategorien Hotels/Pensionen (DZ pro Nacht zur Hauptsaison):
€ bis 80 €, €€ 80-160 €
€€€ 160-240 €
€€€€ über 240 €

ALLGEMEINES

Seit dem Boom in den Neunzigern befindet sich die Hotellerie von Prag noch immer im Wachstum. Günstige Unterkünfte für Busreisen weichen Viersternehäusern für Individualgäste. Das Preisniveau guter Unterkünfte liegt längst nicht mehr unter dem europäischen Durchschnitt. Hotels in Prag und Tschechien können auf **www.reisen-tschechien.de** und auf **www.prag.st** mit Rabatt gebucht werden.

HOTELS

(G 3) **Aria**
Die Liebe der Prager zur Musik wird in diesem Luxushotel besonders deutlich, das sich harmonisch in die Renaissance-Architektur der Kleinseite einfügt. Die Zimmer sind nach Komponisten und Interpreten benannt, Musiksalon und Bibliothek dienen den Liebhabern klassischer Klänge. Empfehlenswert sind die Suiten mit Aussicht in den märchenhaften Barockgarten Vrtbovská zahrada. Das Café im Obergeschoss hat einen hübschen Ausblick auf Laurenziberg und Prager Burg.
Tržiště 9 (Kleinseite)
Tel. 225 33 41 11
Fax 225 33 46 66
www.ariahotel.net
52 Zi. €€€€

(G 5) **Atos**
Am südlichen Zipfel der Kleinseite gelegenes Drei-Sterne-Hotel mit klassizistischer Fassade und beeindruckendem Eingangsbereich. Einige Zimmer mit Aussicht auf die Prager Burg. Mediterrane Gerichte bietet das im Hotel gelegene Restaurant Meduzza.
Mělnická 13
(Kleinseite)
Tel. 251 51 28 90
Fax 251 51 28 91
www.hotelatos.cz
49 Zi. €€

(K 2) **Bellagio**
Aus einem unauffälligen Eckhaus im jüdischen Viertel

Außen hui: die Prachtfassade des Evropa beherrscht den Wenzelsplatz

wurde ein Schmuckstück in italienischem Stil für den „sophisticated traveller" mit komfortablen Zimmern. Es liegt im ruhigen Teil der Josefstadt, einen Steinwurf von der Moldau und der Pariser Straße entfernt.
U Milosrdných 2 (Josefstadt)
Tel. 221 77 89 99
Fax 221 77 89 00
www.bellagiohotel.cz
46 Zi. €€€

(M 3) **Carlo IV**
Luxuriöses Grandhotel im einstigen Palais der „Hypothekenbank des böhmischen Königreiches" von 1899. Die italienische Hotelierfamilie Boscolo kombinierte die Eleganz aristokratischer Paläste mit harmonisch ergänztem Neubau.
Senovážné náměstí 13 (Neustadt), Tel. 224 59 31 11
Fax 22 45 930 00
prague.boscolohotels.com
152 Zi. €€€€

(B 2) **Dům U sv. Kryštofa**
Die gemütliche Pension „Haus des hl. Christopherus" im Stile eines Herrenhauses liegt in einem ruhigen Quartier eine halbe Stunde vom Zentrum entfernt. Mit Garten, Parkplatz im Hof und Familienatmosphäre.
Záběhlická 72 (Záběhlice)
Tel. 272 76 93 71
Fax 272 76 96 29
www.krystof.cz
16 Zi. €

(L 4) **Grand Hotel Evropa**
Das 1905 errichtete Hotel mit seiner prachtvollen Jugendstilfassade wurde zwar von außen renoviert, doch versprüht das Interieur noch den Charme der Einrichtung im Stile von Louis XVI. Nicht alle Zimmer verfügen über ein eigenes Bad. Auf jeden Fall lohnt sich ein Blick in das üppige Art-Nouveau-Café.
Václavské náměstí 25 (Neustadt), Tel. 224 21 53 87
Fax 224 22 45 44
www.evropahotel.cz
92 Zi. €€

(K 6) **Hotel 16**
Eines der kleinsten und wohl auch gemütlichsten Hotels in

Václav Havels Gefängnis ist heute eine Pension. Die Präsidentenzelle behielt die vergitterten Türen.
(I 4) Unitas, Bartolomějská 9
Tel. 224 23 06 03, Fax 224 21 75 55
www.unitas.cz *36 Zi.* €

Prag liegt in enger Nachbarschaft zum Botanischen Garten und ist trotz der Nähe zur lauten Neustadt eine stille Oase.
Kateřinská 16 (Neustadt)
Tel. 224 92 06 36
Fax 224 92 06 26
www.hotel16.cz
14 Zi. €€

Innen auch hui: das üppige Café im Evropa

(G 5) Julián
Beeindruckendes Hotel in einem einst luxuriösen Mietshaus von 1905. Die geschmackvolle Hotelhalle erinnert an eine englische Bibliothek, die Stammgäste schätzen die Attikazimmer mit Blick auf die Prager Burg.
Elišky Peškové 11 (Smíchov)
Tel. 257 31 11 44
Fax 257 31 11 47, www.julian.cz
33 Zi. €€

(G 3/4) Mandarin Oriental
Das neueste Hotel Prags schickt sich an, das feinste zu werden. In einem ehemaligen Dominikanerkloster aus dem 14. Jh. auf der Kleinseite verbindet es ab September 2006 konservierte Geschichte in ehrwürdigen Gemäuern mit den Annehmlichkeiten von stilvollem Luxus. Viele Räume bieten direkten Ausblick auf die Prager Burg. Dazu verfügt das Hotel über ein Spa von Weltklasse.
Nebovidska 1 & 3 (Kleinseite)
Tel. 233 08 88 88
Fax 233 08 86 68
www.mandarin-oriental.com/prague
99 Zi., voraussichtl. €€€€

(F 3) Neruda
Der Schriftsteller Jan Neruda lebte zwölf Jahre in dem Haus mit ursprünglichem Namen „Zu den drei schwarzen Adlern“, das anno 1348 entstand und später im Stil der Renaissance umgebaut wurde. Es vereint moderne Zimmer und exzellenten Service mit dem „Genius Loci“ der Kleinseite direkt unterhalb der Burgrampe. Die Gestaltung des neu hinzugekommenen Nebengebäudes besorgte der berühmte Architekt Bořek Šípek.
Nerudova 44 (Kleinseite)
Tel. 257 53 55 57
Fax 257 53 14 92
www.hotelneruda.cz
43 Zi. €€€€

(L 3) Paříš
Zur Blütezeit des Jugendstils entstand das Hotel Paris in exponierter Lage hinter dem Platz der Republik. Selbst wer hier nicht übernachtet, sollte zumindest einen Blick in die Eingangshalle oder das Restaurant Sarah Bernhardt wagen. Empfehlenswert ist auch das hauseigene Café.
U Obecního domu 1 (Altstadt)
Tel. 222 19 51 95
Fax 224 22 54 75
www.hotel-paris.cz
86 Zi. €€

(L 2) Salvator
In der Nähe vom Platz der Republik gelegenes Haus mit viel Grün, das gern von Spaniern besucht wird. Das Frühstücksrestaurant im überdachten Innenhof strahlt eine warme Atmosphäre aus. Mit einer Filiale des Naturproduktladens Botanicus.
Truhlářská 10 (Neustadt)
Tel. 222 31 22 34
Fax 222 31 63 55
www.salvator.cz
35 Zi. €€

(O 5) Tříska
Günstiges Jugendstilhotel im Residenzviertel Weinberge (Vinohrady) nur drei Metrostationen vom Wenzelsplatz. Die gediegene Einrichtung aus dem 19. Jahrhundert sorgt für Atmosphäre.
Vinohradská 105 (Weinberge)
Tel. 222 72 73 13
Fax 222 72 35 62
www.hotel-triska.cz
57 Zi. €

(E 2) Romantikhotel U raka
Am Ende der malerischen Gasse „Neue Welt“ hinter dem Burgviertel versteckt sich das romantische Holzhaus aus dem 18. Jahrhundert, eines der letzten seiner Art in Prag. Paradiesische Oase inmitten der Hauptstadt mit vielen Grünpflanzen und plätscherndem Wasser im Hof sowie niedlichem Café. Die sechs Zimmer sind teilweise mit Kamin und Wintergarten ausgestattet.
Černínská 10 (Hradschin)
Tel. 220 51 11 00
Fax 233 35 80 41
www.romantikhotel-uraka.cz
6 Zi. €€€

(I 6/7) U svatého Jana
Garnihotel im 1904 gebauten ehemaligen Pfarrhaus der St.-Johann-Kirche. Es liegt zwischen dem Karlsplatz mit dem Fausthaus und dem Botanischen Garten.
Vyšehradská 28 (Neustadt)
Tel. 224 91 17 89
Fax 224 91 18 64
www.usvjana.cz
14 Zi. €

(B 2) Villa Voyta
Die Jugendstilvilla in eigenem Garten erinnert an die Zeit von Sarah Bernhardt und Alfons Mucha. Bekannt auch für ihr erstklassiges Restaurant mit französischen und böhmischen Gerichten sowie Sonntagsbrunch. Bei der Zimmerwahl auf dem Haupthaus bestehen.
K Novému dvoru 54 (Lhotka)
Tel. 261 71 13 07
Fax 244 47 12 48
www.villavoyta.cz
13 Zi. €€€

MERIAN | TIPP

Hostels und Bed & Breakfast

Bed and Breakfast hat in Tschechien keine Tradition, kleine Pensionen füllen diese Lücke. Eine günstige Alternative sind Hostels, die häufig auch über preiswerte Doppelzimmer mit Dusche verfügen.

(L 6) Miss Sophie's
Das erste Design-Hostel von Prag lockt mit pfiffigen Details wie durchgängig verwendeten metallischen Materialien, abgestimmtem Farbkonzept und Internet auf Flachbildschirmen.
Melounova 3 (Neustadt)
Tel. 296 30 35 30
Fax 296 30 35 31
www.miss-sophies.com
25 Zi. €

(B 1) Vila Kozlovka
Kleine Privatvilla im Familienbetrieb am diplomatischen Viertel hinter der Prager Burg. Die renovierten Zimmer sind teilweise antik eingerichtet, Wireless LAN ist gratis. Gemütlich wie zu Großmutters Zeiten. Mit Garten und Parkplatz im Hof.
Kozlovská 24 (Dejvice)
Tel. 224 32 01 82
Fax 224 32 25 87
www.vilakozlovka.cz
8 Zi. €

MERIAN | TIPP

(B 1) Kokořínsko

Das 265 km² große Landschaftsschutzgebiet liegt nahe Prag, ist aber immer noch ein Geheimtipp. Als romantisches Ausflugsziel wurde es schon zur Zeit der Ersten Republik genutzt, nach einer langen Pause erwacht es gerade wieder aus dem Dornröschenschlaf. In dem attraktiven Gebiet erstrecken sich bizarre Felsenstädte aus grobkörnigem Sandstein, zahlreiche Höhlen, tiefe Täler und volle Kiefernwälder. Charakteristisch ist die traditionelle Volksarchitektur mit braunweißen einstöckigen Häusern, die meisten stehen unter Denkmalschutz. Ein dichtes Netz vielfältiger Rad- und Wanderwege lockt durch Kokořínsko bis hin zum Máchasee, der nach dem romantischen Schriftsteller Karel Hynek Mácha benannt wurde. Die Dominante der Region ist die gotische Burg Kokořín, die dem Gebiet den Namen gab. Der Unternehmer Václav Špaček kaufte die Anlage anno 1894, sein Sohn ließ sie danach wenig authentisch rekonstruieren. Doch dank dieses Umbaus kann die erst 2006 restituierte Burg heute noch besichtigt werden, anstatt das Schicksal einer authentischen Ruine erlitten zu haben.
40 km von Prag entfernt ab Mělník in Richtung Mšeno

Burg Kokořín über dem verträumten Tal

BURGEN UND SCHLÖSSER

Burgen, Schlösser und Ruinen prägen die tschechische Landschaft und zeugen von der einstigen Macht der Adelsgeschlechter. Gut 60 der über 2500 Objekte wurden zu nationalen Kulturdenkmälern erklärt, einige sind UNESCO-Kulturerbe.

(C 3) Český Šternberk (Böhmisch Sternberg)

Etwa eine Stunde auf der Autobahn in Richtung Brünn liegen Burg und Ortschaft Český Šternberk, Privatbesitz der gleichnamigen böhmischen Adelsfamilie. Eher für Individualtouristen geeigneter Ausflug in eine malerischen Landschaft. Der noch heute hier wohnhafte Burgherr Zdeněk Šternberk erhielt durch Restitution 1992 seine Anlage zurück, in der er vor der Revolution als Burgführer gearbeitet hatte. Er ist als Mitglied einer 760 Jahre alten Adelsfamilie direkter Nachfolger des ehemaligen Königs Georg von Poděbrad und hätte in einer möglichen Monarchie das Anrecht auf den Thron.
Im Burghof sind Falken und andere Raubvögel zu sehen.
25727 Český Šternberk
50 km östlich von Prag
Tel. 317 85 51 01
www.hradceskysternberk.cz
April und Okt. Sa-So 9-17
Mai und Sept. Di-So 9-17
Juni-Aug. Di-So 9-18 Uhr

(B 3) Dobříš (Doberschis)

Das Rokoko-Schloss mit seinem prächtigen Spiegelsaal und dem französischen Terrassengarten stammt aus der 2. Hälfte des 17. Jh. Im Zweiten Weltkrieg diente es als Heim für Schriftsteller, wurde inzwischen der Adelsfamilie Colloredo-Mansfeld zurückgegeben. Beliebt für Hochzeiten und als Kulisse für Märchenfilme, z. B. „Prinzessin mit dem goldenen Stern" oder der zweite Teil von „Die Prinzessin auf der Mühle".
26301 Dobříš,
30 km südwestlich von Prag
Tel. 318 52 12 40
www.zamekdobris.cz
April-Mai 8.30-17 Uhr
Juni-Okt. 8.30-17 Uhr
Nov.-März 8.30-16 Uhr

(A 3) Karlštejn (Karlstein)

Die wichtigste Burganlage des Landes entstand auf dem Höhepunkt der Gotik im Jahre 1348, als Kaiser Karl IV. sie als befestigte Schatzkammer der Reichskronjuwelen erbauen ließ. Trotz Plünderung durch die Schweden im Dreißigjährigen Krieg wurde die über einem Felsen thronende Burg zu einem Staatssymbol. Prachtvoll ist die inzwischen renovierte Hl.-Kreuz-Kapelle im großen Turm.
26718 Karlštejn
15 km südwestlich von Prag
Tel. 311 68 16 17
www.hradkarlstejn.cz
März+Nov. Di-So 9-15 Uhr
April+Okt. Di-So 9-16 Uhr
Mai-Juni, Sept. Di-So 9-17 Uhr
Juli-Aug. Di-So 9-18 Uhr

(B 3) Konopiště (Konopischt)

Die Festung aus dem 13. Jh. wurde erst im 19. Jh. durch den österreichischen Thronfolger Ferdinand d'Este berühmt, der Konopischt für seine Gattin Sofia Chotek kaufte. Drei verschiedene Führungen geben Einblick in die Wohnräume des Paares sowie die Waffen- und Jagdtrophäensammlung mit mehr als 300 000 Exponaten. Vor dem Eingangstor hält ein Bär im Schutzgraben Wache, 225 Hektar umfasst der englische Schlosspark.
25601 Benešov
35 km südöstlich von Prag
Tel. 317 72 13 66
www.zamek-konopiste.cz
März-April, Okt.-Nov. Di-So 9-15, Mai-Aug. Di-So 9-17 Uhr
Sept. Di-So 9-16 Uhr

(A 2) Křivoklát (Pürglitz)

Inmitten dichter Wälder steht diese mittelalterliche Festung, deren Anfänge bis in das 12. Jh. zurückreichen. Sehenswert sind die Burgbibliothek mit 52 000 Bänden und die schaurig ausgestattete Folterkammer. An den Wochenenden im Sommer werden Ritterspiele ausgerichtet.
27023 Křivoklát 47
30 km westlich von Prag
Tel. 313 55 84 40
www.krivoklat.cz
März+Nov.-Dez. Sa-So 9-15
April+Okt. Di-So 9-15 Uhr
Mai+Sept. Di-So 9-16
Juni-Aug. Di-So 9-17 Uhr

Hoch über den Weinbergen der Mo

(B 1) Mělník (Melnik)

Die nördliche von Prag gelegene Stadt liegt am Zusammenfluss von Elbe und Moldau. Schon im 14. Jh. wurde in dieser Gegend Wein angebaut. Das Schloss Mělník gehört der Familie Lobkowitz, zu sehen sind neben dem Weinkeller mit seinen Riesenholzfässern auch neun historische Räume.
Svatováclavská 19
20 km westlich von Prag
27601 Mělník,
Tel. 315 62 21 08
www.lobkowicz-melnik.cz
tgl. 10-17 Uhr

(B 1) Nelahozeves (Mühlhausen)

Prächtiges Renaissanceschloss mit herrlicher Sgraffito-Verzierung, seit 1623 mit kurzer Unterbrechung im Familienbesitz

Schloss Mělník der Familie Lobkowitz

derer zu Lobkowitz. Bekannt ist das Schloss vor allem durch seine Gemäldesammlung, die größte private Bildergalerie Tschechiens. Das Geburtshaus des Komponisten Antonín Dvořák liegt unterhalb der Burg.
27751 Nelahozeves
25 km nördlich von Prag
Tel. 315 70 91 21
www.lobkowiczevents.cz
Di-So 9-12, 13-17 Uhr

WEITERE ZIELE IN PRAGS UMGEBUNG

Plzeňský Prazdroj (Pilsner Urquell)

Die berühmteste Brauerei Tschechiens wurde 1842 nach dem Niedergang der kleinen Hausbrauereien gegründet. Ihr Produkt sorgte mit dem charakteristischen Geschmack des Saazer Hopfens für eine Sensation. Das Bier wird auch in Tschechien meist mit dem deutschen Namen bezeichnet. Die meisten Besucher der Stadt Plzeň (Pilsen) besichtigen die Brauerei mit einer Kostprobe des Gerstensafts. Das Areal verfügt über die größte Bierstube des Landes mit 580 Plätzen.
U Prazdroje 7, 30497 Plzeň
80 km südwestlich von Prag
Tel. 377 06 28 88
www.pilsnerurquell.com
tgl. 8-16 Uhr

(A 3) Koněpruské jeskyně (Tropfsteinhöhlen)

Die größte Tropfsteinhöhle Tschechiens in einem Naturschutzgebiet nahe der Burg Karlštejn. Die Besuchertrasse in der dreistöckigen, 70 m unter der Erde liegenden Anlage ist 950 m lang. Die Höhle wurde erst 1950 wieder entdeckt, dabei kam auch ein Versteck zu Tage, das sich Münzfälscher im 15. Jh. eingerichtet hatten.
26601 Beroun
25 km südwestlich von Prag
Tel. 311 62 24 05
www.gweb.cz/jeskyne
April-Juni u. Sept. 8-16, Juli/Aug. 8-17, Okt. 8.30-15 Uhr

(A 3) Rückl Crystal

Vor etwa 300 Jahren kam die Familie Rückl aus der Schweiz in den Böhmerwald und begann mit dem Glashandwerk. Die 1903 bei Beroun gegründete Fabrik von Antonín Rückl gibt einen Einblick in die Glasherstellung durch Handarbeit. Die Besichtigung sollte man mit einem Besuch der nahe gelegenen Burg Křivoklat verbinden.
26705 Nižbor
25 km westlich von Prag
Tel. 311 69 62 48
www.ruckl.cz
Mo-Fr 9.30-12.30 Uhr

(C 1) Škoda Muzeum

Der 100 Jahre alte Automobilhersteller Škoda befindet sich seit der Übernahme durch Volkswagen 1991 im Aufwind. Großen Anteil daran hat der auf dem Golf basierende Octavia, der mit pfiffigen tschechischen Ideen und günstigen Preisen zu einem Welterfolg wurde. Das Museum im böhmischen Mladá Boleslav (Jungbunzlau) trägt auch der Rallye-Vergangenheit der Marke Rechnung.
Václava Klementa 294
29360 Mladá Boleslav
60 km nordöstlich von Prag
Tel. 326 83 11 34
www.skoda-auto.com/global/history/muzeum
tgl. 9-17 Uhr

(A 1) Terezín (Theresienstadt)

Die alte Garnisonsstadt wurde bereits im 18. Jh. von Joseph II. als Festung erbaut und nach seiner Mutter Maria Theresia benannt. Bekannt wurde die Anlage vor allem durch die Geschichte der Juden während des Zweiten Weltkriegs, als Theresienstadt zunächst als Gefängnis und später als Durchgangslager für ca. 150 000 Menschen genutzt wurde. Der etwa zweistündige Besuch der so genannten Kleinen Festung umschließt eine Filmdarbietung und ein kleines Museum. Das als Große Festung bezeichnete Stadtzentrum beherbergt das Ghetto-Museum und ein Krematorium.
Principova alej 304
41155 Terezín
60 km nördlich von Prag
Tel. 416 78 22 25
www.pamatnik-terezin.cz
April-Sept. 8-18 Uhr
Nov.-März 8-16.30 Uhr

Gedenkstätte für die Opfer von Theresienstadt

Klare Linien: Die alten Messehallen im Baumgarten

MERIAN | TIPP

Die besten Reiseführer

Prag-Merian Live!
Klein, handlich und von gewohnter Qualität.
Thomas Veszelits, Travel House Media 2006, 128 S., 7,95 €

Baedeker Allianz Reiseführer Prag
Der Klassiker mit Cityplan in neuem Gewand und endlich mit guten Tipps.
Verlag Karl Baedeker 2006, 286 S., 17,95 €

Prag-MM-City
Vom Marktführer für Individualreiseführer mit viel Hintergrundwissen und Infos abseits der Routen.
Michael Bussmann und Gabriele Tröger, Michael-Müller-Verlag 2005, 224 S., 12,90 €

Prag-Die historische Stadt
Schöner Bildband, der in den meisten Prager Buchhandlungen in mehreren Sprachen erhältlich ist.
Ráji 2003, 152 S., 240 Kč.

IM ABSEITS

Es ist selbst unter Verbrauch eines Jahresurlaubs nicht möglich, die Prager Attraktionen in Gänze zu würdigen. Gleichwohl möchten wir Ihnen einige Sehenswürdigkeiten vorstellen, die eines eint: Sie werden auch zur Hochsaison von nur wenigen Touristen aufgesucht.

(L 6) Villa Amerika (Dvořák-Museum)

Einer der schönsten barocken Profanbauten der Stadt, aus dem Jahr 1720. Er ist mit einer sehr feinen Schmiedearbeit eingezäunt, die noch im barocken Original erhalten ist, mit Ausnahme der originalgetreu kopierten Tür. Ein benachbartes Lokal namens Amerika gab ihm den Namen, der sich im Volksmund einbürgerte. Im Innern wird des Komponisten Antonín Dvořák gedacht, Partituren, Handschriften und Instrumente des Meisters sind zu sehen.
Ke Karlovu 20 (Neustadt)
Tel. 224 92 33 63 *geöffnet Di-So 10-17 Uhr und bei Konzerten*

(M 1) Ausstellungsgelände Baumgarten (Výstaviště)

Das nördlich der Létnahöhe gelegene Gelände wurde 1891 angelegt, diente als Messegelände und wurde in den Fünfzigern zu einem Freizeitpark ausgebaut. Der Industriepalast ist eine prächtige Eisenkonstruktion von Münzberger und Fanta, der auch den Prager Bahnhof baute. Im Lapidarium des Nationalmuseums finden sich Skulpturen aus 800 Jahren, ein Planetarium kann besichtigt werden, Hallen und ein Amphitheater dienen Veranstaltungen. Was dort gerade geboten wird, erfahren sie am aktuellsten im Infozentrum im Alten Rathaus.
Stadtteil Holešovice
Öffnung Lapidarium: Di-Fr 12-18, Sa/So 10-18 Uhr

(I 6/7) Emmauskloster

Das Kloster bestand seit 1347, wurde aber im Zweiten Weltkrieg fast völlig zerstört, die Fresken des gotischen Kreuzgangs sind mäßig erhalten. Der Wiederaufbau ist ziemlich misslungen, Betontürme und Mauerreste bestimmen das düstere Bild. Das wiederum ist erstklassige Kulisse für Rockbands, die hier seit einiger Zeit auftreten dürfen.
Vyšehradská, Tel. 224 9 53 71
www.emauzy.cz
Öffnung: Kirche Mo-Fr 7-17 Uhr, Kreuzgang auf Anfrage

(M 1) Veletržní Palác (Kongresspalast)

Der Nachbau eines funktionalistischen Gebäudes aus den Zwanzigern birgt heute die Sammlungen der Nationalgalerie zum 19. und 20. Jahrhundert. Im dritten Stock können Sie den „Abend in Hradschany" von Jakub Schikaneder anschauen. Selten hat einer so die Stimmung eingefangen, die man mystisches Prag nennt. Bemerkenswert: Pešáneks „Torso", eine Figur mit Neonapplikationen, wie man sie im Jahre 1936 kaum erwartet.
Dukelských hrdinu 47
Tel. 224 30 10 24
Di-Sa 10-18 Uhr, letzter Einlass 17.30 **www.ngprague.cz**

(B 1) Schloss Troja

Das Barockschloss entstand Ende des 17. Jhs. im Auftrag des böhmischen Grafen Sternberg. Seine Weltläufigkeit ließ das Gebäude italienisch ausfallen, den Garten französisch und deutsch die leicht überladene Freitreppe mit kämpfenden Titanenfiguren. Die Ausstattung an Möbeln und Fresken ist derart überwältigend, dass die im Schloss befindliche Sammlung von Gemälden des 19. Jhs. kaum noch zur Geltung kommt.
U trojského zámku
Tel. 283 85 16 14
www.citygalleryprague.cz
April-Okt. Di-So 10-17 Uhr, Nov.-März Sa/So 10-17 Uhr

(B 1) Zoologischer Garten

64 Hektar für 2500 Tiere. Der einzige Tierpark, dem es gelungen ist, die urtümlichen Przewalski-Pferde zu erhalten.
U trojského zámku 3
Tel. 266 11 21 11
Juni-Aug. tägl. 9-19, April/Mai, Sept./Okt. 9-18 Uhr, Nov.-Feb. 9-16, März bis 17 Uhr

Herrlich überladen: Das Barockschloss Troja ist vollgestopft mit antiken Möbeln, Fresken und Putten

Sehenswert

Museeen

Parks und Gärten

Sehenswert

Museeen

Parks und Gärten

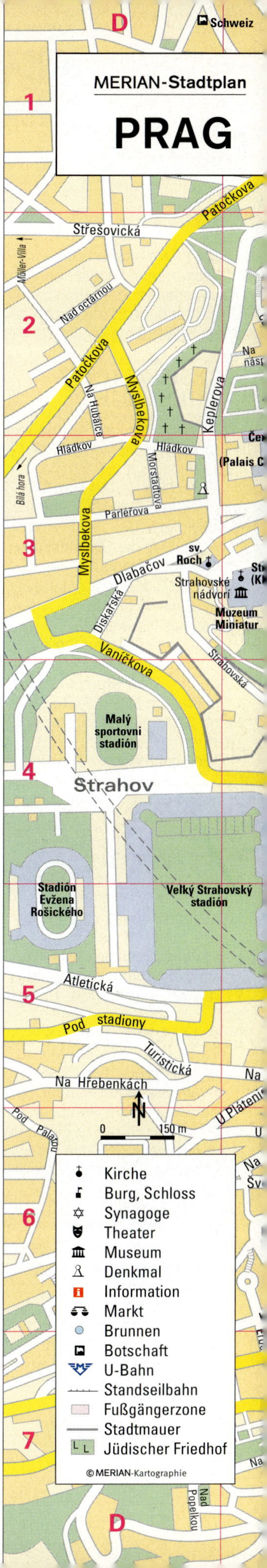

Prag – MERIAN live
Ganz frisch auf dem Markt – mit neuen Detailkarten und vielen aktuellen Tips. Der Reiseführer von Thomas Veszelits, Travel House Media. 7,95 €

und Informationsportal. **www.prag.st** Hier können Unterkünfte für Prag, Karlsbad und Marienbad mit Rabatt gebucht werden.

GESETZLICHE FEIERTAGE

1. Januar (Neujahr, Gründungstag von Tschechien 1993)
Ostersonntag, Ostermontag
1. Mai (Tag der Arbeit)
8. Mai (Ende des Zweiten Weltkrieges)
5. Juli (Tag der Slawenapostel Kyrill und Method)
6. Juli (Todestag von Jan Hus)
28. September (Tag des Hl. Wenzel)
28. Oktober (Gründungstag der Tschechoslowakei 1918)
17. November (Kampf für Freiheit und Demokratie)
24. Dezember (Heiligabend)
25./26. Dezember (Weihnachten)

BÜCHER

Musik

That Jazz of Praha
Vierzehn Größen der Prager Jazzszene werden erstmals zusammenhängend in Bild und Ton portraitiert.
Ada und Alexander Schneller, Christian Gerber und Danilo Silvestri, Vitalis 2006, 19,90 €

Mozart und Prag
Schon lange vor dem Mozartjahr 2006 erschien dieser musikalische Reiseführer, der die Besuche des Komponisten mit dem Prag zu Zeiten des Rokoko verknüpft und mit Zitaten von Mozarts Zeitgenossen ergänzt.
Harald Salfellner, Vitalis 2000, 17,40 €

Gastronomie

Prager Cafés
Ein Begleiter durch die 50 besten Kaffeehäuser der Stadt mit Erinnerungen an die noch verbliebenen Cafés der Literaten um Franz Kafka.
Harald Salfellner, Vitalis 2005, 112 S., 9,90 €

Die besten böhmischen Rezepte Kleines Büchlein mit Überblick über die wichtigsten Gerichte der böhmischen Küche.
Harald Salfellner, Vitalis 2005, 80 S., 9,90 €

Romane und Pragensien

Wanderer kommst Du nach Prag Heinrich Pletícha, Vitalis 2000, 17,40 €
Das geheimnisvolle Prag mit seinen Kaisern und Königen, Zauberern und Narren, historischen Figuren und geheimnisvollen Gespenstern wird in 140 kleinen Geschichten nacherzählt.

Esoterisches Prag Jiří Kuchać, Eminent 2001, 349 Kč
Wer noch tiefer in die Historie der Stadt eintauchen und sich mit Mysterium und Energie von Prag beschäftigen möchte, wird auf diesem nach Stadtteilen sortierten Buch fündig, in dem die Wege solcher Persönlichkeiten wie Rudolf II. oder Einstein nachgezeichnet werden.

Die Rache der Baumeister
Miloš Urban, Rowohlt Taschenbuch-Verlag 2003, 8,90 €
Die Architekturgeschichte Prags wird anhand einer Serie mysteriöser Mordanschläge in der Nähe bedeutender gotischer Bauwerke nacherzählt, die mit einer geheimen Bruderschaft aus dem 14. Jahrhundert verbunden ist.

Die Tante Jolesch Friedrich Torberg, dtv 1977, 8 €
Der Untertitel „Der Untergang des Abendlandes in Anekdoten" bringt es auf den Punkt: mit vielen kleinen Geschichten beschreibt der in Wien geborene und in Prag aufgewachsene Friedrich Torberg die verlorene Zeit der Sonderlinge, die in den Kaffeehäusern seiner beiden Städte zu Hause waren.

Der Mädchenhirt Egon Erwin Kisch, Vitalis 2001, 12,40 €
Der „rasende Reporter" E. E. Kisch schrieb neben seinen berühmten Reportagen auch Belletristik. In seinem Rotlichtroman hinterlässt er eine Milieuschilderung des erotischen Prag rund um das Leben eines Zuhälters von der Kampainsel.

Kleinseitner Geschichten Jan Neruda, Vitalis 2005, 14,90 €
Nerudas Jugenderinnerungen sind eine Hommage an die Kleinseite, deren Hauptstraße inzwischen seinen Namen trägt. Das verträumte Stück Prag mit seinen kleinen Gassen und schwach beleuchteten Häusern lebt mit seinen skurrilen Figuren in dieser Geschichtssammlung wieder auf.

Der Golem Gustav Meyrink Anaconda 2006, 5,95 €
Dieser Schlüsselroman des deutschen Expressionismus spielt zwar auf die jüdische Legende des Golem an, Gustav Meyrink sieht in dem Namen jedoch eher ein Symbol für den Geist des Prager Judenghettos. Diese phantastische Geschichte spielt rund um einen Schneider, der unter Mordverdacht ins Gefängnis kommt und nach seiner Entlassung den Abriss des Judenviertels erlebt.

Nachts unter der steinernen Brücke Leo Perutz, dtv 2002, 9,50 €
Der in Prag geborene Leo Perutz war in der Zwischenkriegszeit einer der meistgelesenen österreichischen Autoren. Auf den ersten Blick handelt es sich bei seinem Buch um eine Novellensammlung, die im 16. Jh. im jüdischen Ghetto angesiedelt ist. Erst nach und nach verweben sich die einzelnen Teile zu einem kunstvoll arrangierten historischen Roman um Liebe, Schuld und Sühne. Perutz begann sein Hauptwerk bereits 1924, konnte es jedoch erst 1951 vollenden. Seit den Neunzigern erfreuen sich seine Romane wieder einer größeren Leserschaft; der Wiener Zsolnay Verlag und der Deutsche Taschenbuch-Verlag geben derzeit erneut sein Gesamtwerk heraus.

Daten zur Stadt

Einwohnerzahl: 1 165 000 (2004), rund 10 % des Landes. 2005 besuchten 3,7 Mio. Touristen die Moldaumetropole und blieben im Schnitt 3,8 Tage. Die meisten Pragbesucher kamen aus Großbritannien, gefolgt von Deutschland und Italien.
Fläche: 496 km^2, davon ist der historische Stadtkern mit 8,66 km^2 im UNESCO-Verzeichnis des Weltkulturerbes eingetragen.
Wirtschaft: Die zentralistische Hauptstadt ist gleichzeitig das wirtschaftliche Herz des Landes mit mehr als 10 % der Industrieproduktion und mehr als 20 % des Bruttoinlandsprodukts, das in den letzten Jahren um 3-4 % jährlich anstieg. Tschechien und besonders Prag zieht mit seinem hohem Bildungsniveau, niedrigen Lohn(neben)kosten und zentraler Lage in Mitteleuropa viele internationale Unternehmen an. Die Mehrwertsteuer beträgt 19 %, die Erwerbslosenrate liegt in Tschechien bei gut 8 % (2006), in Prag wird jedoch fast keine Arbeitslosigkeit registriert. Das monatliche Durchschnittseinkommen beläuft sich auf knapp 700 Euro. Auf 100 Haushalte kamen im Jahre 2002 bereits 99,5 Mobiltelefone.
Politik: Tschechien ist eine parlamentarische Demokratie, in der Hauptstadt Prag sind fast alle Ministerien und Ämter angesiedelt. Die Abgeordnetenkammer des Parlaments mit 200 Mitgliedern sitzt im Thun-Palast auf der Kleinseite, der aus 81 Personen bestehende Senat im unweit gelegenen Wallenstein-Palast. Staatspräsident Václav Klaus hat seine offiziellen Räume auf der Prager Burg.

MERIAN-ORBIT Aus 700 Kilometern Höhe zeigt die Satellitenaufnahme erstaunliche Details: Gut zu erkennen sind neben der sich windenden Moldau mit ihren Brücken und Inseln, das riesige Strahov-Stadion, das Grün des Parks Stromovka im Norden und des Friedhofs Olsanske hrbitovy im Osten der Stadt

eine Vignette Pflicht, erhältlich an den Grenzen und allen Tankstellen. 2006 kostet eine 15-Tages-Vignette 200 Kč (etwa 7 Euro), für zwei Monate 300 Kč (ca. 10,50 Euro), für ein Kalenderjahr sind es 900 Kč (etwat 32 Euro). Achtung: Absolutes Alkoholverbot am Steuer, in der Winterzeit wird mit Abblendlicht gefahren.

Mit der Bahn
Prag hat zwei Endstationen: Prag-Holešovice für Züge aus Norden und den Hauptbahnhof für alle anderen.

Mit dem Flugzeug
Neben den klassischen Großlinien fliegen zahlreiche Billigflieger die Moldaumetropole an.

EINREISE

Bürger aus der EU reisen mit einem mindestens drei Monate gültigen Personalausweis oder Reisepass ein.

Geld
Eine tschechische Krone (Kč bzw. ČZK) sind 100 Heller (hl). Es gibt Banknoten zu 20, 50, 100, 200, 500, 1000, 2000 und 5000 Kronen sowie Münzen zu 1, 2, 5, 10, 20 und 50 Kronen und 50 Heller. Der Wechselkurs beträgt 1 Euro = 28,50 Kč bzw. 1 SFr = 18,20 Kč (Stand Juni 2006). Vorsicht vor Wechselstuben wie der Kette Chequepoint, die mit dem Kurs „We sell" werben. Schwarztausch ist verboten, in Banken oder aus Bankomaten kann nichts schiefgehen.

Notrufnummern
Erste Hilfe 155, Polizei 158, Feuerwehr 150, Pannendienst 1230, Inlandsauskunft 1180.

Post
Die Hauptpost von Prag liegt in der Jindřišská 14. Briefe innerhalb Europas kosten 9 Kč, Postkarten 7 Kč.
(Stand Juni 2006).

Telefon
Seit 2002 haben alle Anschlüsse im Land nur noch neunstellige Nummern; die einstige Vorwahl ist darin bereits enthalten, eine Null wird nicht mehr gewählt. Servicenummern sind kürzer und beginnen mit 1. Tschechien hat die internationale Vorwahl 00420. Telefonkarten sind bei Postämtern und Tabakläden erhältlich, Münztelefone sind nicht zu empfehlen. Die lokalen Handynetze sind EuroTel, T-Mobile und Vodafone.

UNTERWEGS IN PRAG

Öffentlicher Nahverkehr
Die Stadt verfügt über ein gut abgestimmtes Netz von Metro, Linienbussen und Straßenbahnen sowie einer Seilbahn auf den Laurenziberg. Die Billets werden in Metrostationen, Hotels, Tabakläden und den Infostellen der Verkehrsbetriebe verkauft (Tel. 296 19 18 17, www.dpp.cz). Im Bus sind die Tickets teurer. Aktuell kostet ein Kurzstreckenticket 14 Kč für 20 Minuten oder fünf Metrostationen, das volle Ticket zu 20 Kč erlaubt Ein- und Aussteigen in alle Richtungen während 75 Minuten bzw. abends und am Wochenende für 90 Minuten.

Taxi
Prag ist leider für seine Taximafia bekannt, am besten fährt man mit einem seriösen Anbieter wie AAA (Tel. 140 14), die Fahrt kann auch auf Englisch bestellt werden.

Moldaudampfer
Ein Erlebnis ist die Fahrt auf einem Schiff unter der Karlsbrücke hindurch. Von kleinen Barkassen über Tretboote bis zu großen Raddampfern wird die Moldau fleißig durchkreuzt. Ein guter Deal sind ein- oder zweistündige Fahrten mit Essen auf den Schiffen der Reederei EVD. **Anleger an der Čechův most, Staré Město, Tel. 224 81 00 30, www.evd.cz**

WWW-ADRESSEN

www.pis.cz Der Prager Informations-Service mit aktuellem Kulturprogramm und allen wichtigen Tipps.
www.cityofprague.cz Offizielle Seite der Stadt Prag mit mehr als 70 Webcams verteilt über die ganze Stadt. Englisch und Tschechisch
www.radio.cz/de Riesiger Fundus an Themen rund um Prag und Tschechien auf Deutsch.
www.pragerzeitung.cz Einzige deutschsprachige Zeitung in Prag, erscheint donnerstags gedruckt am Kiosk (auch im Ausland) und mittwochs online.
www.tschechien-online.org Umfangreiches Nachrichten-

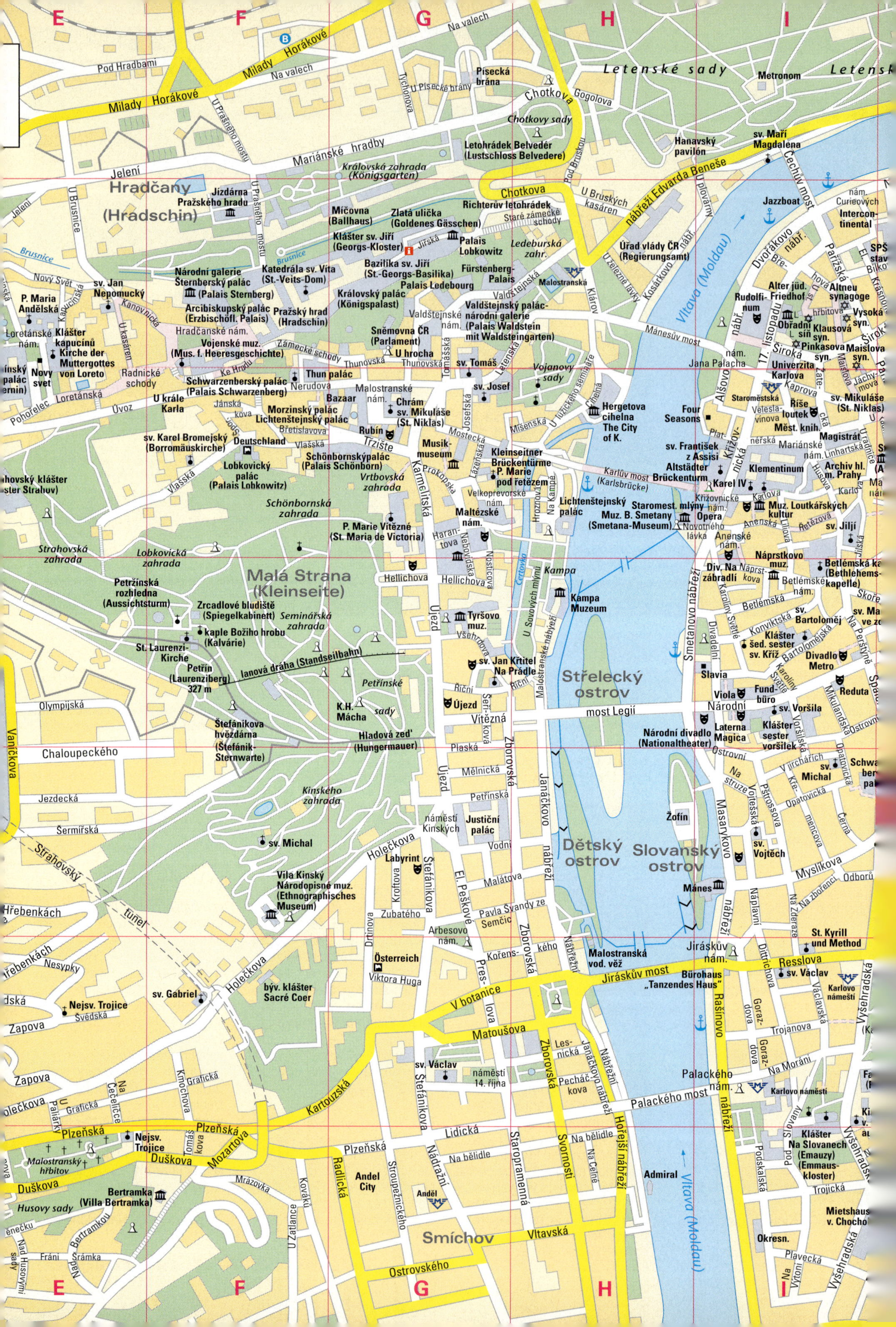

E
F
G
H
I
Pod Hradbami
Milady Horákové
Na valech
Pisecká brána
Chotkova
Gogolova
Letenské sady
Metronom
Chotkovy sady
Letohrádek Belvedér (Lustschloss Belvedere)
Hanavský pavilon
sv. Maří Magdaléna
Mariánské hradby
Královská zahrada (Königsgarten)
Jelení
Hradčany (Hradschin)
Jízdárna Pražského hradu
Chotkova
U Bruských kasáren
nábřeží Edvarda Beneše
Jazzboat
Čechův most
nám. Curieových
Intercontinental
Míčovna (Ballhaus)
Zlatá ulička (Goldenes Gässchen)
Richterův letohrádek
Staré zámecké schody
Klášter sv. Jiří (Georgs-Kloster)
Jiřská
Palais Lobkowitz
Ledeburská zahr.
Úřad vlády ČR (Regierungsamt)
Dvořákovo nábř.
Brusnice
U Brusnice
Nový Svět
sv. Jan Nepomucký
Národní galerie Šternberský palác
(Palais Sternberg)
Katedrála sv. Víta (St.-Veits-Dom)
Bazilika sv. Jiří (St.-Georgs-Basilika)
Fürstenberg-Palais
Palais Ledebourg
Malostranská
Vltava (Moldau)
Alter jüd. Friedhof
Altneu synagoge
Rudolfinum
P. Maria Andělská
Kapucínská
Kanovnická
Arcibiskupský palác (Erzbischöfl. Palais)
Pražský hrad (Hradschin)
Královský palác (Königspalast)
Valdštejnský palác-národní galerie (Palais Waldstein mit Waldsteingarten)
Klárov
Mánesův most
Obřadní síň
Klausová syn.
Vysoká syn.
Pinkasova syn.
Maislova syn.
Loretánské nám.
Klášter kapucínů Kirche der Muttergottes von Loreto
Hradčanské nám.
Vojenské muz. (Mus. f. Heeresgeschichte)
Zámecké schody
Sněmovna ČR (Parlament)
U hrocha
Thunovská
Valdštejnské nám.
Jana Palacha
17. listopadu
Široká
Univerzita Karlova
Nový svět
Radnické schody
Ke Hradu
Thun palác
sv. Tomáš
Vojanovy sady
Staroměstská
Pohořelec
Loretánská
Úvoz
Schwarzenberský palác (Palais Schwarzenberg)
Nerudova
Malostranské nám.
sv. Josef
Hergetova cihelna
The City of K.
Four Seasons
Kaprova
Veleslavínova
Ríše loutek
Měst. knih.
sv. Mikuláše (St. Niklas)
U krále Karla
Jánská
Morzinský palác
Lichtenštejnský palác
Bazaar
Chrám sv. Mikuláše (St. Niklas)
Břetislavova
Vlašská
Tržiště
Rubín
Mostecká
Mišeňská
Plat.
Mariánské nám.
Magistrát
Linhartská
sv. Karel Boromejský (Borromäuskirche)
Deutschland
Schönbornskýpalác (Palais Schönborn)
Musikmuseum
Kleinseitner Brückentürme
P. Marie pod řetězem
Karlův most (Karlsbrücke)
sv. František z Assisi
Altstädter Brückenturm
Klementinum
Archiv hl. m. Prahy
Strahovský klášter (Stift Strahov)
Lobkovický palác (Palais Lobkowitz)
Vrtbovská zahrada
Karmelitská
Prokopská
Velkopřevorské nám.
Lichtenštejnský palác
Karel IV
Křižovnické nám.
Muz. Loutkářských kultur
Schönbornská zahrada
Maltézské nám.
Staromest. mlýny
Muz. B. Smetany (Smetana-Museum)
Opera
Novotného lávka
Anenská
Anenské nám.
Řetězová
sv. Jiljí
Strahovská zahrada
Lobkovická zahrada
P. Marie Vítězné (St. Maria de Victoria)
Harantova
Nebovidská
Náprstkovo muz.
Betlémská kaple (Bethlehemskapelle)
Malá Strana (Kleinseite)
Hellichova
Kampa
Kampa Muzeum
Čertovka
Div. Na zábradlí
Betlémské nám.
Betlémská
Petřínská rozhledna (Aussichtsturm)
Zrcadlové bludiště (Spiegelkabinett)
Seminářská zahrada
Tyršovo muz.
U Sovových mlýnů
Smetanovo nábřeží
Konviktská
sv. Bartoloměj
kaple Božího hrobu (Kalvárie)
St. Laurenzi-Kirche
Petřín (Laurenziberg) 327 m
lanová dráha (Standseilbahn)
Vlašská
sv. Jan Křtitel Na Prádle
Říční
Újezd
Malostranské nábřeží
Střelecký ostrov
Klášter šed. sester
sv. Kříž
Divadlo Metro
Bartolomějská
Slavia
Petřínské sady
K.H. Mácha
Olympijská
Viola
Fundbüro
sv. Voršila
Reduta
Mikulandská
Národní
most Legií
Vítězná
Šeříková
Štefánikova hvězdárna (Štefánik-Sternwarte)
Hladová zeď (Hungermauer)
Národní divadlo (Nationaltheater)
Laterna Magica
Klášter sester voršilek
Vančurova
Chaloupeckého
Plaská
Mělnická
Zborovská
Janáčkovo nábřeží
Ostrovní
V jirchářích
sv. Michal
Opatovická
Jezdecká
Kinského zahrada
Petřínská
Na struze
Vojtěšská
Pštrossova
Šermířská
Strahovský tunel
sv. Michal
náměstí Kinských
Justiční palác
Vodní
Žofín
Holečkova
Labyrint
Dětský ostrov
Slovanský ostrov
Masarykovo nábřeží
Myslíkova
sv. Vojtěch
Vila Kinský Národopisné muz. (Ethnographisches Museum)
Malátova
Krořova
Štefánikova
El. Peškové
Mánes
Na Zderaze
Odborů
Hřebenkách
Zubatého
Drtinova
Arbesovo nám.
Pavla Švandy ze Semčic
Zborovská
Náplavní
St. Kyrill und Method
Nesypky
Holečkova
Kořenského
Nábřežní
Malostranská vod. věž
Jiráskův nám.
Ditrichova
Resslova
Švédská
Nejsv. Trojice
sv. Gabriel
býv. klášter Sacré Coer
Österreich
Viktora Huga
Preslova
V botanice
Jiráskův most
Bürohaus „Tanzendes Haus"
Rašínovo
sv. Václav
Václavská
Karlovo náměstí
Vyšehradská
Zapova
Matoušova
Lesnická
Gorazdova
Trojanova
Zapova
Grafická
Kmochova
Na Čečeličce
U Palaty
Kartouzská
sv. Václav
náměstí 14. října
Zborovská
Pechářkova
Janáčkovo nábřeží
Nábřežní
Palackého nám.
Palackého most
Na Moráni
Karlovo náměstí
Holečkova
Plzeňská
Nejsv. Trojice
Tomášova
Plzeňská
Mozartova
Duškova
Lidická
Na bělidle
Staropramenná
Svornosti
Hořejší nábřeží
Slovany
Klášter Na Slovanech (Emauzy) (Emmauskloster)
Malostranský hřbitov
Duškova
Plzeňská
Radlická
Stroupežnického
Nádražní
Na bělidle
Na Čečeličce
Admiral
Vltava (Moldau)
Podskalská
Mrázovka
Kovářská
Andel City
Anděl
Trojická
Husovy sady
Bertramka (Villa Bertramka)
U Zátlance
Smíchov
Vltavská
Mietshaus v. Chochol
Bertramkou
Nad Husovými sady
Fráni Šrámka
Ostrovského
Okresn.
Plavecká
Na Výtoni
Vyšehradská

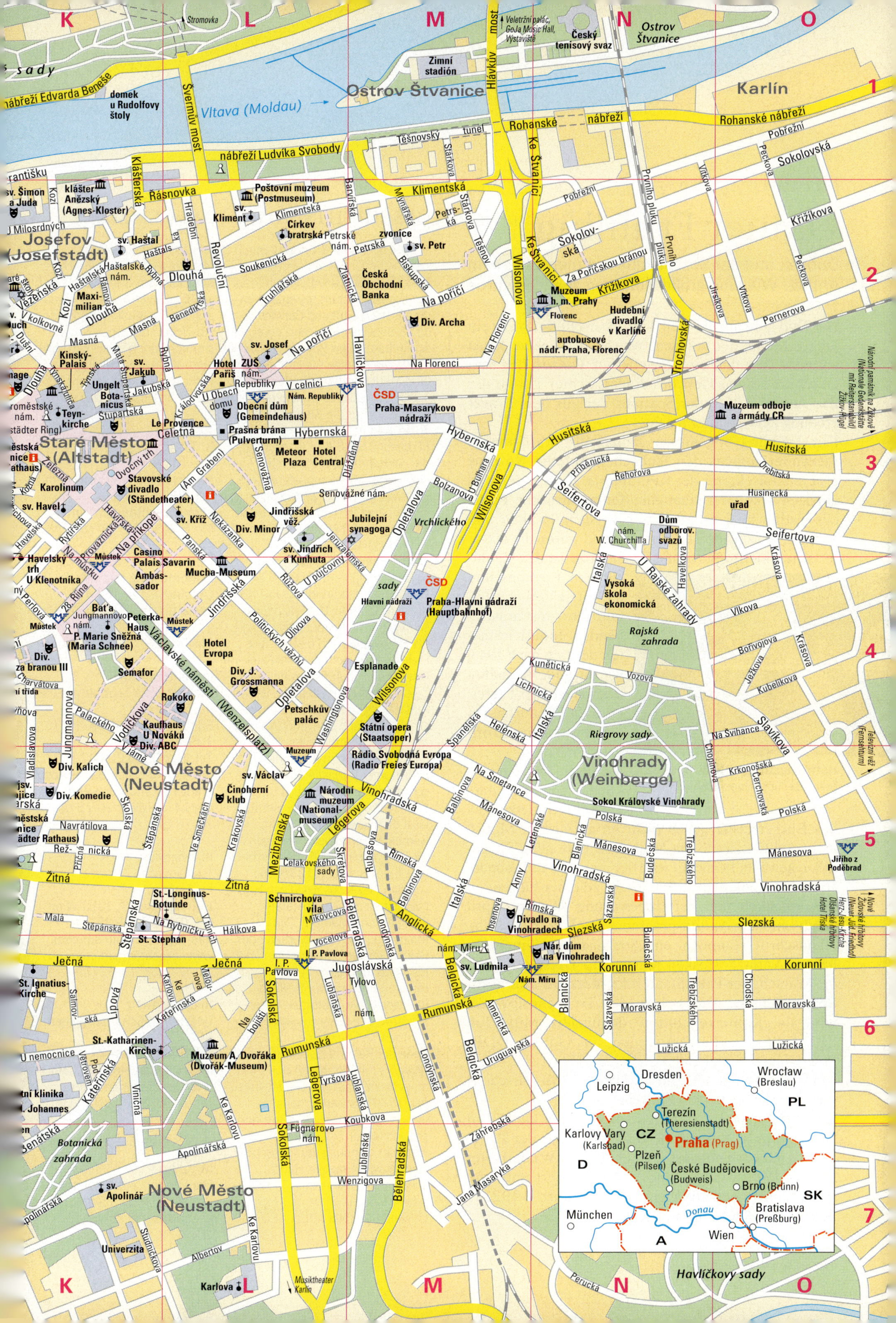
K
L
M
N
O
1
2
3
4
5
6
7
Vltava (Moldau)
Ostrov Štvanice
Ostrov Štvanice
Karlín
Zimní stadión
Český tenisový svaz
Veletržní palác, GoJa Music Hall, Výstaviště
Stromovka
nábřeží Edvarda Beneše
domek u Rudolfovy štoly
Štefánikův most
Hlávkův most
nábřeží Ludvíka Svobody
Rohanské nábřeží
Těšnovský tunel
Klášterská
Rásnovka
Poštovní muzeum (Postmuseum)
klášter Anežský (Agnes-Kloster)
sv. Šimon a Juda
Josefov (Josefstadt)
sv. Haštal
sv. Kliment
Církev bratrská
zvonice
sv. Petr
Klimentská
Revoluční
Dlouhá
Maxi-milian
Česká Obchodní Banka
Na poříčí
Div. Archa
Na Florenci
Muzeum h. m. Prahy
Florenc
Hudební divadlo v Karlíně
autobusové nádr. Praha, Florenc
Křižíkova
Sokolovská
Pobřežní
Pernerova
Trocnovská
Wilsonova
Ke Štvanici
Kinský-Palais
sv. Jakub
Ungelt
Botanicus
Teynkirche
sv. Josef
Hotel Paříž
ZUŠ
nám. Republiky
Nám. Republiky
Obecní dům (Gemeindehaus)
Prašná brána (Pulverturm)
ČSD
Praha-Masarykovo nádraží
Hybernská
Meteor Plaza
Hotel Central
Le Provence
Celetná
Staré Město (Altstadt)
Stavovské divadlo (Ständetheater)
Karolinum
sv. Havel
Jindřišská věž
Div. Minor
sv. Kříž
Na příkopě
Senovážné nám.
Jubilejní synagoga
sv. Jindřich a Kunhuta
Vrchlického sady
Husitská
Muzeum odboje a armády ČR
Seifertova
nám. W. Churchilla
Dům odborov. svazů
úřad
Vysoká škola ekonomická
Rajská zahrada
U Rajské zahrady
Havelský trh
U Klenotníka
Casino Palais Savarin
Mucha-Museum
Ambassador
Můstek
28. října
Baťa
P. Marie Sněžná (Maria Schnee)
Peterka-Haus
Hotel Evropa
Div. J. Grossmanna
Semafor
Div. za branou III
Hlavní nádraží
Praha-Hlavní nádraží (Hauptbahnhof)
Esplanade
Státní opera (Staatsoper)
Rádio Svobodná Evropa (Radio Freies Europa)
Václavské náměstí (Wenzelsplatz)
Rokoko
Petschkův palác
Kaufhaus U Nováků
Div. ABC
Vodičkova
Jungmannova
Div. Kalich
Nové Město (Neustadt)
sv. Václav
Činoherní klub
Muzeum
Národní muzeum (National-museum)
Div. Komedie
Riegrovy sady
Vinohrady (Weinberge)
Sokol Královské Vinohrady
Vinohradská
Legerova
Mezibranská
Čelakovského sady
Žitná
St.-Longinus-Rotunde
Schnirchova vila
St. Stephan
Ječná
I. P. Pavlova
Anglická
Slezská
Korunní
nám. Míru
sv. Ludmila
Nám. Míru
Divadlo na Vinohradech
Nár. dům na Vinohradech
Jiřího z Poděbrad
St. Ignatius-Kirche
St.-Katharinen-Kirche
Muzeum A. Dvořáka (Dvořák-Museum)
Rumunská
Sokolská
Bělehradská
Fügnerovo nám.
Botanická zahrada
sv. Apolinář
Nové Město (Neustadt)
Univerzita
Karlova
Musiktheater Karlín
Havlíčkovy sady
Dresden
Leipzig
Wrocław (Breslau)
PL
Terezín (Theresienstadt)
Karlovy Vary (Karlsbad)
CZ
Praha (Prag)
Plzeň (Pilsen)
D
České Budějovice (Budweis)
Brno (Brünn)
SK
München
Donau
Bratislava (Preßburg)
Wien
A

MERIAN | RÜCKBLICK

Grauer Frühling

Dubček und der Sozialismus mit menschlichem Antlitz: Wie eine große Hoffnung zerstört wurde

Das Bild ging um die Welt. Und es erschütterte sie: ein junger Mann, der auf dem Wenzelsplatz seine Brust entblößt. Vor ihm ein sowjetischer Panzer, der sein Geschütz auf das Herz des Pragers richtet. Es war der **21. August 1968,** der Sommer, der aus dem **Prager Frühling** einen Winter machte.

Der Frühling begann im Januar, als der **Slowake Alexander Dubček** den **Tschechen Antonin Nóvotný** als Generalsekretär der KPC ablöste. Zum ersten und einzigen Mal unternahm eine **Kommunistische Partei** des Ostblocks den ernsthaften Versuch, Freiheit und Sozialismus zu vereinen. Hintergrund waren die diktatorischen Maßnahmen und Schauprozesse des stalinistischen Regimes und die wirtschaftliche Talfahrt des einst aufstrebenden Industriestaates, der sich nach 1948, wie die andern Staaten des Warschauer Paktes, an den Bedürfnissen der Sowjetunion zu orientieren hatte.

Hoffnungsträger: Dubček 1968 beim Besuch eines Stahlwerkes

Bereits im Februar verkündet Dubček, dass er künftig Verletzungen der Bürgerrechte „auch nicht im geringsten Maße" mehr dulden würde. Im März wird eine neue Staatsspitze gewählt. Präsident wird der populäre **L. Svoboda.** Neben Dubček wird **J. Smrkovsky** zu einer führenden Persönlichkeit der Reformbewegung. Das im April verabschiedete Aktionsprogramm der KPC trägt seine Handschrift. Hauptziel: ein „Sozialismus mit menschlichem Antlitz." Moskau reagiert: In Dresden bilden die Warschauer-Pakt-Staaten im **März 68** eine **Anti-Reform-Allianz.** Die Politik der Tschechoslowakei wird als „Konterrevolution" denunziert. Mitte Juli beschließt eine „Fünferkoalition" aus UdSSR, DDR, Polen, Ungarn und Bulgarien eine militärische Intervention vorzubereiten. Am **21. August 1968** marschiert der Warschauer Pakt in Prag ein.

Dubček musste zurücktreten, später war er kurze Zeit Botschafter in Ankara, **1970** wurde er aus der Partei ausgeschlossen und musste sein Leben als Waldarbeiter fristen. **1989** wurde Dubček rehabilitiert und zum **Parlamentspräsidenten** gewählt. Er starb **1992** an den Folgen eines Autounfalls.

GESCHICHTSDATEN

9. Jh. Legendäre Gründung durch die Fürstin Libusě (Libussa) **um 973** Unter Boleslav II. erhält Prag ein eigenes Bistum, es entstehen die Klöster Sv. Jiří und Břevnov **1178** Soběslav II. sichert deutschen Kaufleuten Privilegien **um 1230** Die heutige Altstadt erhält eine Mauer und das Stadtrecht **1257** König Otakar II. legt den Grundstein für die Kleinseite **1344** Karl IV. erhebt Prag zum Erzbistum **1348** Karl IV. gründet die nach ihm benannte erste Universität Mitteleuropas und die Neustadt **1419** Der erste Prager Fenstersturz ist Auftakt der Hussitenkriege **1420** Der hussitische Feldherr Jan Žižka schlägt in einer großen Schlacht ein internationales Kreuzfahrerheer **1526** Der Habsburger Ferdinand I. wird König von Böhmen **1547** Niedergeschlagener Ständeaufstand gegen die Habsburger **1576-1611** Die Herrschaft Rudolfs II. bringt großen kulturellen Aufschwung **1618** Zweiter Prager Fenstersturz ist Auftakt des Dreißigjährigen Krieges **1620** Nach der verlorenen Schlacht am Weißen Berg bei Prag fällt Böhmen an die Habsburger-Dynastie **1648** Das schwedische Heer besetzt die Kleinseite **1784** Kaiser Josef II. lässt die Viererstadt zu einem Gemeinwesen zusammenlegen **1848** Eine nationaltschechische Revolution scheitert **1939** Das von den Nazis besetzte Prag wird Hauptstadt des „Protektorats Böhmen und Mähren" **1942** Attentat auf den „stellvertretenden Reichsprotektor" Reinhard Heydrich im Stadtteil Libeň **1945** Blutiger Aufstand der Bevölkerung gegen die deutschen Besetzer **1948** Die Kommunisten übernehmen die Regierung **1968** Ende der Reformbewegung „Prager Frühling" durch den Einmarsch der Warschauer-Pakt-Truppen **1989** Massendemonstrationen führen zum Rücktritt der sozialistischen Regierung **1993** Nach der Trennung der Tschechoslowakei wird Prag zur Hauptstadt der eigenständigen Tschechischen Republik **2004** Die Tschechische Republik tritt der EU bei.

ALLGEMEINES

Wetter und Reisezeit
Die Prager Winter sind oft sehr kalt. Im Sommer ist es bis zu 35 °C warm, daher sind Juli und August Nebensaison. Ab November ist es ungemütlich, doch dann verbreitet sich die leicht gruselige Atmosphäre, die in der Literatur so oft beschrieben wird.

Auskunft
In Tschechien
CzechTourism
Vinohradská 46 (Vinohrady)
Tel. 221 58 01 11
www.czechtourism.com
Mo-Fr 8.30-12, 13-16 Uhr

Pražská informační služba (PIS)
Staroměstské náměstí 1 (Altstadt), Tel. 124 44
www.pis.cz *April-Okt. Mo-Fr 9-19, Sa-So 9-18, Nov.-März Mo-Fr 9-18, Sa-So 9-17 Uhr*

In Deutschland
Tschechische Zentrale für Tourismus
Friedrichstraße 206
10969 Berlin
Tel./Fax 030 (204 47 70)
info1-de@czechtourism.com
www.czechtourism.com
Mo 14-18, Di-Fr 10-13 und 14-18 Uhr

In Österreich
Tschechische Zentrale für Tourismus
Herrengasse 17, 1010 Wien
Tel. 01/53 32 19 33
info-at@czechtourism.com
www.czechtourism.com
Mo-Fr 9-12, 13-17 Uhr

In der Schweiz
Čedok, Am Schanzengraben 11
8002 Zürich
Tel. 044/287 33 44
info-ch@czechtourism.com
www.czechtourism.com
Mo-Fr 9-12, 14-17.30 Uhr

ANREISE

Mit dem Auto
Bei Fahrten auf Autobahnen und Kraftfahrstraßen außerhalb geschlossener Ortschaften ist

Jan Hus brennt auf dem Scheiterhaufen in Konstanz

MERIAN | WER WAR DER MANN AUF DEM DENKMAL?

„Ihr bratet eine Gans"

Jeder Prag-Besucher sieht ihn am Altstädter Ring, aber kaum einer weiß um die Bedeutung des Reformators Jan Hus

Wir wissen nicht, wie er aussah, denn es ist kein zeitgenössisches Portrait überliefert, aber viel darüber, wie er dachte und was für ein Kerl er war. Aufrecht, charakterstark und voller **Gottvertrauen:** das war Jan Hus, der **tschechische Reformator,** der im Sommer 1415 in **Konstanz** auf dem Scheiterhaufen verbrannt wurde, der Luther inspirierte und dessen Tod eine Serie von Kriegen auslöste, die letztlich im Dreißigjährigen Krieg mündeten.

Das ausgehende Mittelalter war eine wilde Zeit. Drei Päpste regierten gleichzeitig – in Rom, Avignon und Pisa. Die katholische Kirche war tief gespalten, galt als moralisch verkommen, und immer wieder traten **entschiedene Christen** auf den Plan, Prediger, die eine Rückbesinnung auf die Bibel und die Abkehr von weltlicher Macht verlangten. Der Kirche galten diese Männer als **Ketzer.**

In Böhmen war es der junge Priester, strahlende Theologie-Professor und Rektor der Karls-Universität **Jan Hus** (geb. um 1371), der von der Kirche Predigten in der Landessprache statt auf Latein, den Abendmahlskelch auch für Laien und vor allem den Verzicht auf Reichtum forderte. Hus schwebte eine **„bessere Gerechtigkeit"** vor, wie sie Christus in der Bergpredigt formuliert hatte, und er war der Ansicht, die Königsherrschaft Christi müsse sich im Gehorsam gegen das Evangelium und im Lebensstil des Einzelnen widerspiegeln.

Dabei brachte Hus nicht nur die Kirche gegen sich auf, sondern auch Weinhändler, Goldschmiede und Hutmacher – denn Jan Hus' Vorstellungen eines tugendhaften Lebens liefen auch Zeitgeist und Mode zuwider.

Weil Hus in der Prager Bethlehemskapelle (I4) auf Tschechisch predigte, hatte er rasch großen Zulauf. Bald begeisterten sich Menschen in ganz Böhmen für den Theologen. Selbst **König Wenzel** verehrte ihn. Als Hus dann aber 1413 in **„De Ecclesia"** schrieb, in der Kirche könne eigentlich nur Christus das Oberhaupt sein, wurde er vor das **Konzil in Konstanz** zitiert, das eigentlich damit befasst war, aus drei Päpsten wieder einen zu machen.

Der deutsche König Sigismund sicherte Hus freies Geleit zu, und so machte der sich auf die gefahrvolle Reise von Prag an den Bodensee. Hus hatte die Hoffnung, vor dem Konzil seine Thesen verteidigen zu können. Doch bei seiner Ankunft am 3. November wurde er von **Papst Johannes** inhaftiert. Als Wochen später der König eintraf, war dieser zwar erzürnt, beugte sich aber dem Druck der Kirche, die das Konzil auflösen wollte, wenn Hus freikäme. Der war immer noch guten Mutes und schrieb aus der Haft nach Hause: „Noch ist die Gans nicht gebraten" – Hus heißt auf tschechisch Gans.

Im März 1415 floh der vom Konzil abgesetzte Papst Johannes aus Konstanz, wurde aber eingefangen und ironischerweise neben Hus inhaftiert. Dessen Haftbedingungen verschlechterten sich zusehends – so wurde er neben einer Kloake festgekettet. Da Hus nicht widerrufen wollte, wurde er am 6. Juli bei einer Vollversammlung im Dom zum Tode verurteilt und noch am gleichen Tag mit seinen Schriften auf einem Scheiterhaufen an der Stadtmauer verbrannt. In seinem Abschiedsbrief tröstete sich der Theologe: „Das aber erfüllt mich mit Freude, dass sie meine Bücher doch haben lesen müssen." Und voller Zuversicht schloß er: „Heute bratet ihr eine Gans, aber aus der Asche wird ein Schwan entstehen."

Dieser Satz wurde später oft auf Luther bezogen, der knapp 70 Jahre später geboren wurde und deshalb oft als Schwan dargestellt wird.

In Böhmen wurde der Tod mit Empörung aufgenommen. Adel und Volk entwickelten darüber erstmals ein tschechisches Nationalbewusstsein. Aus der Hinrichtung folgte nicht nur die Errichtung eines **hussitischen Gottesstaates** im südböhmischen Tabor, wo eine Art christlicher Kommunismus zu leben versucht wurde, sondern auch die **Hussitenkriege** und 200 Jahre später der **Dreißigjährige Krieg.**

So markiert das Jahr 1415 zwar auch das Scheitern eines Einzelnen, aber vor allem den Beginn einer Kirche, die einmündet in die große reformatorische Bewegung des 16. Jahrhunderts mit **Luther, Zwingli** und **Calvin.**

In Tschechien ist Jan Hus heute noch so etwas wie der Nationalheilige. Mitten im Ersten Weltkrieg wurde für ihn 1915 auf dem Altstädter Ring ein **Denkmal** zu seinem 500. Todestag errichtet. An dem beliebten Touristentreffpunkt kann man heute noch einen zentralen Satz aus einem seiner Briefe lesen: „Liebet einander und gönnt jedermann die Wahrheit" – ein Gedanke, der sich später auch im tschechischen Staatswappen wiederfand: „Pravda vítězí" – die Wahrheit siegt.

Seit 1915 beliebter Treffpunkt am Altstädter Ring: das Jan-Hus-Denkmal

FREUEN SIE SICH AUF PARIS | Im Handel ab 24. August 2006

Glanzvoller Durchblick: der Eiffelturm

Entspannte Mittagspause: Place des Vosges

Stimmungsvolles Duo: Louvre und gläserne Pyramide

Zuletzt erschienen:

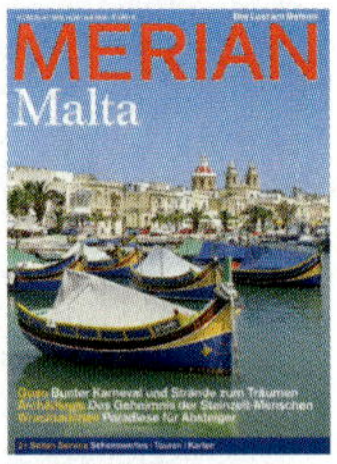

Juli 2006

Juni 2006

Mai 2006

April 2006

März 2006

Februar 2006

Paris

ist alles, was du willst, schwärmte einst Frédéric Chopin. Keine Stadt der Welt bringt ihre Besucher so sehr zum Staunen wie die Metropole an der Seine. MERIAN möchte Sie begeistern:

> Stadtspaziergänge: Jedes Quartier ein eigener Kosmos
> Architektur: Das jüngste Wunderwerk heißt Musée du Quai Branly
> Der neue Louvre: Gala der Weltkunst
> Luxushotels: Die pompösen Sechs
> Heiße Vorstadt: Was die Banlieue zum Kochen bringt

Verpassen Sie nicht die nächsten Ausgaben von MERIAN: Münsterland | Finnland | Kapstadt | Florida | Vorarlberg | Abotelefon (040) 87 97 35 40 oder www.merian.de